The Little Book
of Sloth Philosophy

再忙也要
躺好躺滿

跟樹懶學耍廢，
爽爽人生不白費

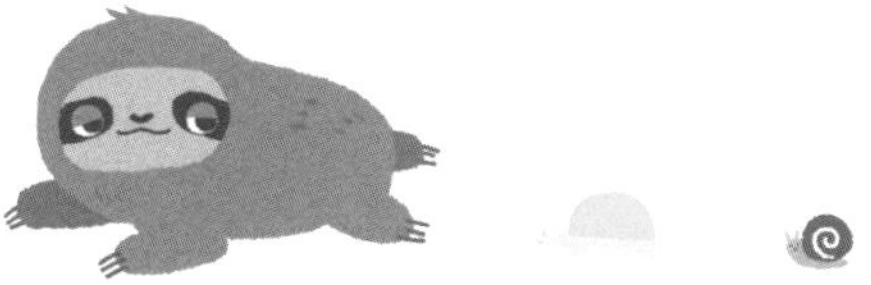

Jennifer McCartney **珍妮佛・麥卡妮**／著　宇宙垃圾／繪　陳采瑛／譯

各界名人跟著樹懶暖萌推薦！

蘇益賢，想再慢一點的臨床心理師——

如果有天樹懶會說話，我想牠會問我說：
「連我慢成這樣，都可以活下來了，你在著急什麼呀？」
翻開本書，向樹懶學習慢的生存術。

出版魯蛇，立志當三趾樹懶的出版人——

樹懶能成為一種哲學，這無疑大大的安慰了我。在這崇尚「超前部署」、上健身房彷彿已成為責任的時代，要像樹懶緩慢生活，大概比發憤圖強困難許多。然而這本書告訴我們：睡晚一點、吃喜歡的食物或聽首Leonard Cohen——沒錯就是偷懶一下，是完全值得鼓勵之事，因為光是想像就覺得快樂了，對吧？而快樂多麼可貴，活到現在的你我絕對清楚不過。

B編，「編笑編哭」粉專經營者——

有一次我到動物園參觀，行走動線因為一隻掛在走道把手上的樹懶而塞得水洩不通，但所有遊客只能配合牠的步調，誰也催促不了牠。懂得效法樹懶式哲學之後，放肆地躺躺、賴床、不修眉毛、一年剪一次頭髮、各種拖延終於有了光明正大的藉口！反正事情總會完成的，慢一點也無妨。

Lazy Sunday，慵懶系風格插畫家——

這真的是二〇二〇年最舒壓的幸福生活指南，推薦給所有枯萎的辦公室靈魂。

如果你常常感到彈性疲乏、有精神跟肩膀都疲勞硬邦邦的症狀，也許可以試試向樹懶學 SLOW 的生活哲學！

休息不一定要為了走更遠的路，拋開不必要的罪惡感，重新找回生活的熱忱跟體驗愛的美好，擁抱樹懶般自在快樂的人生吧。

隔壁懶王，懶人系圖文創作者——

我們每一天都過著很制式化的生活，甚至被時間追打得鼻青臉腫，試著把這套「樹懶模式」深深植入你的體內，當你切換得宜，你會發現「wow！愛真的存在這美麗新世界！」

身為懶王，並不覺得「懶」是個負面形容詞，這本書讓我覺得我……更可以……繼續……懶……下……去……沒問題！

我不想再嘗試去做什麼，

這感覺真好。

contents

PART 1

樹懶式教育

PART 2

實用指南

PART 1

樹懶式教育

序曲——

歡迎來到樹懶式生活哲學

慢下來。停下來。靜下來。不要在游泳池邊奔跑……我們常聽人這麼說，也時常被提醒「動不如靜」。其實，慢慢來、做正念冥想的好處，我們有充分的理由可以佐證。科學家也已經證明，放慢腳步有許許多多的優點：從有效控制慢性疼痛，到增加快樂指數、減少緊張感，好處多到數不清。

然而，我們卻經常羞於為自己爭取時間，因為身處的這個高度緊張社會，如果敢讓懶散外露，簡直就是罪大惡極（沒錯，懶惰是七大罪之一，但本書無意討論此一議題）。不過你可曾想過，為何你偶爾躺在沙發上，身邊還有一堆洋芋片跟起司，就會感到罪惡？但若是從冰箱挖出雞蛋、黃芥末跟其他有的沒的，做出一桌所謂的均衡餐點，就不必感到愧疚？……另外，我們會得到各種指令與提醒：去做點事！把被子摺好！去預排休假！回簡訊！餵小孩！……我們總是就這麼照做了。也因為這樣，我們的生活似乎經常處於混亂與沒時間的狀態。

在我們生活的這個世界，人們把慢跑當興趣，用冥想ＡＰＰ提醒自己要記得深呼吸，我們還買得到預先剝好皮、用保鮮膜包好的橘子（我才沒時間剝皮咧！我超忙的！）……這種種的現象，就是我們為什麼需要放下對懶惰的焦慮、要放慢腳步，比以前還來得更加迫切重要的原因。

放慢速度，真的有許多好處。對於「懶惰」，也該是重新給予評價的時候了，我們應把屬於自己的時間奪回來，用賴床抵抗無意義的忙碌。而這場「慢下來運動」的最佳代言人，當然就是詮釋得最徹底、最討人喜歡的樹懶了。

牠們手長腳長，有二趾或三趾，毛髮有些亂糟糟，一雙大眼睛圓滾滾的，簡直可說是地球上最可愛、也最懶散的一種動物。這群亞馬遜地區的住民，不只對中南美洲的雨林來說很重要，牠們也可以教我們許多人生道理。

樹懶將正念冥想運用在行動上。牠們深思熟慮，謹慎且慎重，放鬆又專注。牠們不關心政治，不在乎誰把牛奶喝光了，又或是誰在健身器材上跑了幾步，牠們並沒有真的對任何事物感到緊張。慢慢地活，隨時都可死去是牠們的信念。牠們就是這樣美好的動物。

這種生物甚至抗拒追求生產力，不畏懼存在就是要追求更高成就的社會壓力。牠們已經在地球上存活了幾千萬年，難道這還不夠證明牠們的生存之道有多麼厲害？但很顯然，牠們一定做了很正確的事。

現在你也可以活得像樹懶，只要你選擇樹懶式生活哲學：它是一種對生活的單純態度，一種很棒的生活方式，你不需要什麼花費就能開始活得像樹懶；而且你會學得很開心，因為不用花什麼力氣——這就是樹懶式生活哲學中最重要的精神。

不過，你不用著急，只要放輕鬆，解開身上的發條。手邊有沒有條毯子啊？有沒有法蘭絨睡衣啊？還是有杯茶[1]？很好。繼續讀下去，讓樹懶的「慢慢來」智慧滋潤你吧！

1. 請注意樹懶式哲學擷取了丹麥 hygge（念起來像「呼嘎」）生活哲學裡最好跟最不荒謬的部分，也就是省掉了那些蠟燭跟襪子的地方。樹懶式哲學不是教你找時間去吃餅乾，而且樹懶念起來比呼嘎容易多了。

遵循SLOW法則，實踐樹懶式生活

樹懶式哲學的中心思想就是「慢下來」。為了讓你不費力融入，請嘗試ＳＬＯＷ法則。

Ｓ、Ｌ、Ｏ、Ｗ這四個簡單的步驟，將會引出你最棒最鬆懶的一面。我們開始吧。

S Sleep in.（賴床）

這個世界很奇怪，老是嚴格計較我們的睡眠時數。一邊對我們說睡眠有多重要，但另一邊卻時時刻刻在提醒我們，「不睡覺」有時候可是很了不起，幾乎可以獲頒榮譽勛章。「噢，因為她自己開公司，一晚只睡四小時。我們應該要頒獎給她，雖然她累到無福消受。」

但如果一個人換成睡十二小時之類的呢？「你也睡太久了，你會得到懶病啊。」所以為什麼要推崇賴床？做就對了！睡覺對你有好處，做夢對你也有好處，對你的皮膚跟免疫系統都有益處。你甚至該放一萬個心，在你爬枕頭山的時候，你的電子郵件也不會長腳跑掉。

L Leave your phone at home.（把手機留在家裡）

看起來不難，雖然一想到把手機留在家裡可能會讓你感到焦慮。你會說：「沒有GPS導航，是要怎麼去到最近的星巴克啊？」相信我，你一定有辦法找到的。其實，我們都掛網太久了，成天滑手機會對腦子造成損害，也會讓腰圍變寬。

不要每四分鐘就刷手機對你比較好。但我知道這真的很難，所以一開始趁你哪天要買個東西就回家時，請把手機留在家裡；或是到對街買杯咖啡時，也記得別把手機帶出門。試著面對一下口袋裡沒有手機五分鐘的感覺，然後延長到十分鐘，然後想辦法再拉長到幾個小時，再持續個幾天，甚至到幾週。那些未讀訊息提醒，可以等到幾分鐘或幾小時後，等你回家再看。深吸一口氣，享受一下「不是隨時隨地都在等著全宇宙找你」的感覺。

如果你就是沒辦法把手機留在家裡，不妨改成飛航模式，就是那個飛機起飛前你應該要選的模式，以免Wi-Fi訊號把飛機請下天空。

L Opt out.（放下）

想活得像樹懶，可是需要調整態度，你要選擇放下那些「非得隨時很忙」、「隨時要有事做」、「隨時讓人找得到你」、「一個人必須具有生產力」等等這些念頭。

事實上，有時候生產不出什麼也沒關係——樹懶式慢哲學認為，這個觀念對心理健康是相當重要的。要實踐「放下」，其實只是要你少做不想做的事情就好。人生裡有許多責任義務，當然有些對你自己或是所愛的人來說是必要的，比如餵貓或是付房租，但我們也同時被許多並不一定想要或不需要的事給綁住了。

「慢下來運動」跟樹懶式哲學，就是要你了解不是什麼事都攬到自己身上，或是迎合所有人。如果你的日子過得很淒慘，「忙碌」就不是什麼值得榮耀的事了。

W What's the rush?（有什麼好急的？）

當你覺得崩潰或焦慮時，務必反覆念這句。

問問自己這件事情真的非得立刻做嗎？你是否忽略了自己的需

求只為了來做這件事情？例如你剛好打算在春日陽光下散散步散散心，卻剛好接到會計師發簡訊說你有個檔案沒提供，然後你趕快去翻電子郵件時，又發現有朋友問你明天去鄉下玩的計畫，你準備回覆但又得先搜尋之前聽過的那間藝廊，好把連結附在信裡寄出。一小時後，不知道為什麼，你在購物網站買了四雙鞋（這又提醒了你，在明天出去玩前，要先洗好運動鞋，要把冰箱裡爛掉的萵苣丟掉，要打電話給學校）……

事實上，你需要重新思考優先順序；你必須往後退一步，試著檢視任何迫切的感覺。想想過去在我們祖父母的年代，他們用海運郵寄寫在紙上的信給朋友和家人，要跟彼此連絡得花上幾個星期，他們不是都活得好好的？所以，請深吸一口氣，鄭重地對自己說：等下再做。或是明天再做。難道會有人因為你先散個步就受苦受難嗎？

問題
QUIZ

你有樹懶特質嗎？

你心中理想的書是：

A 好笑、娛樂性十足；最好有圖片或是漫畫。

B 純文學的新作品；例如當代英國小說家莎娣·史密斯或艾莉·史密斯的作品。

C 占星學之類的，絕對要有聲書——這年頭誰有力氣捧著書讀？

D 緊急出版的爆紅人物自傳——不過，這個人爆紅的時間還沒超過八個月。

E 勵志書，例如《用力活出你的人生》、《人生衝衝衝》、《人生就是要活好活滿》。

當老闆告訴你有件事要緊急完成，這時你會：

A 用大拇指給她一個讚，然後決定在午餐後處理；大概明天的午餐後就可以完成吧。

B 默默地思考最快解決的方法。

C 先打個盹再說。

D 先吃些點心，再上網查看相關教學影片。

E 把行程空下來，打開電子表格，等待焦慮如浪潮般來襲。

以下的點心你會選：

A 起司口味的零食

B 綠茶與壽司

C 有棉花糖的穀片

D 一瓶可取代正餐的飲料

E 減肥水

如果要你用以下網路流行句來總結你對人生的展望，會是：

A 總有地方4:20[2]。

B 寂靜不是虛空的，它充滿了答案。

C 睡吧，也許做個夢[3]。

D 把你的老婆藏起來，把你的小孩藏起來[4]。

E 努力工作，愛拚才會贏。

2. 指抽大麻。
3. 出自《哈姆雷特》，原意是隱喻死亡，後世多用於講睡眠或做夢。
4. 美國爆紅的網路歌曲。

我在這裡曬太陽，

從1981年躺到現在。

答案
Answers

選A比較多的你：恍神的樹懶。

沒什麼能讓你煩心。你喜歡靜靜地吃葉子。朋友就喜歡你這樣淡定、悠閒地看待世事。

選B比較多的你：愛沉思的樹懶。

你是一隻獨立、內省的樹懶。星座可能是天秤座或天蠍座。你喜歡海灘，花時間塗指甲跟讀書。你追求智性上的刺激，獨處與自我保養。

選C比較多的你：服膺「懶惰女神埃吉亞」的樹懶。

有些人充滿活力又實際，屬於行動派。然而有些人，例如你，是個夢想家，只為了自己下一次的睡眠時間而活，因為你深知睡滿十二

個小時才是最佳充電方法。就像希臘神話中的懶惰女神埃吉亞，懶惰就是你活著的意義。

選D比較多的你：「讓我告訴你什麼是最新的懶惰迷因圖」的樹懶。

長時間待在電腦前[5]就是你個人的懶惰風格，而且你至少曾經有一則發文在網路上被瘋傳。你喜歡大眾文化，跟得上最新的迷因圖，親身嘗試最潮的事物，樂在其中。朋友喜歡你總是能不費力地報新知。

選E比較多的你：躁動的樹懶。

你比較像獵豹而不像樹懶。記住ＳＬＯＷ法則，試著放輕鬆點，因為跑太多有害健康。事實上，如果樹懶動太多的話，會因為體力耗盡而死掉。別說我沒警告過你。

5. 你的電腦桌不是那種站立打字的，更不是搭配跑步機的那種。你在電腦前的時間，就是扎扎實實坐著打電腦。

來看看我這堆書，我這輩子應該讀得完它。

樹懶式哲學的知名追隨者

樹懶式哲學有其成功典範，男女皆有。他們不是很晚才起床，就是東拖西拉，不停地休息，然後跌破眾人眼鏡，以他們自己的速度把事情做完。由於他們的名氣與成就，你可能無法將他們與懶散生活方式聯想在一起。所以請放心，即使你先跑去休息，最後還是可能把事情完成的，就像以下的成功案例：

道格拉斯．亞當斯（Douglas Noël Adams, 1952-2001）

科幻名著《銀河便車指南》這個書名，是亞當斯喝醉躺在原野上時想出來的。他不是因為第一次喝醉、或是打個瞌睡的偶發狀況而成功，所以我拿他作為大家學習的對象。

他同時也是出了名的「截稿日惡棍」，他曾說過：「我愛截稿日。我最愛截稿日過去時發出的嘶嘶噪音。」聽說他的編輯曾經花了三個星期，跟他一起關在飯店房間裡盯著他寫稿，最後交出了《再見，謝謝所有的魚》（《銀河便車指南》第四集）。

他也曾經自曝在大學時很少交功課，三年內才完成三篇論文。但他最後還是畢業了，而且還成為英國最成功、知名的作家之一。然而這一切成就，全都是按照他的步調走。

李奧納多．達文西（Leonardo da Vinci, 1452-1519）

若要說追隨樹懶式哲學生活的典範，達文西絕對當之無愧。猜猜看，這位藝術家花了多久的時間才完成名畫〈蒙娜麗莎的微笑〉？（請記住這幅畫的尺寸只有77×53公分）一年？三年？學者認為這幅畫很可能花了他十五年的時間。

我們不妨找米開朗基羅做個對照：這位勤奮的藝術家，他只花了

四年便畫好整間西斯汀禮拜堂。然而時至今日，沒什麼人關心歷史上這兩位誰花了多久才做完哪件事，重要的是最後，當他們認真起來，終於還是完成了各自的傑作。

不得不提的是，達文西甚至還花了二十五年來完成一件應該要在七個月內完成的案子——〈岩間聖母〉：他在西元一四八三年收到這幅畫作的第一筆報酬，然後在西元一五〇八年才收到尾款。而這段期間內，他究竟在忙什麼？塗鴉。發明直升機、降落傘和坦克車。

墨爾本子爵（Lord Melbourne, 1779-1848）

墨爾本子爵據說是一位平庸的英國首相。他既沒有發動任何戰爭，也沒有制定任何重大政策。他最著名的事蹟是他的婚姻關係[6]，還有公務上與維多利亞女王的關係密切。

6. 他的妻子與著名詩人拜倫的婚外情當時鬧得人盡皆知。

「不作為」是他的立場，而他口中也常念著「何不放著就好？」（還總是要搭配「延遲」跟「延期」這兩個詞）。他真的超級適合這份工作的——足為我輩嚮往之典範。

法蘭克・洛伊・萊特（Frank Lloyd Wright, 1867-1959）

對樹懶式哲學的追隨者而言，以下的狀況可能不陌生，而那些深信一定要先經過數個月的準備才能把事情做好的人，看了一定會嚇死！

我們要說的就是知名的一代建築大師——法蘭克・洛伊・萊特，他竟然把之前接到的案子給忘了，然後在最後幾分鐘擠出一件好像經過嘔心瀝血才設計出來的作品。根據他徒弟的說法，當時萊特接到了一通意料之外的電話，打來的是委託人老愛德嘉・卡夫曼，他表示人剛好在附近，想過來看看他的新家「落水山莊」設計進行得如何。

萊特告訴出錢的大老闆說，他一直有在進行喔，但其實他早在九

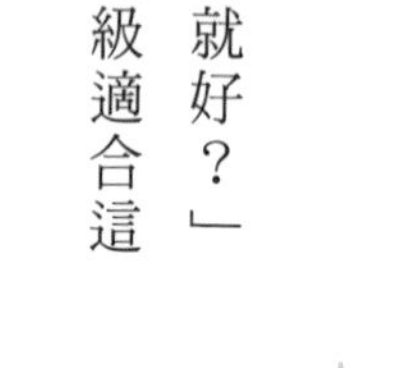

個月前開完會後就忘得一乾二淨了。但卡夫曼可是開了兩個鐘頭的車來找萊特，所以這位大建築師立刻在這時間內速速畫出了現為世界知名建築物的平面圖。

這個故事給我們的啟發是：乍看像是偷懶，其實卻是效率最高的工作方式。就說嘛，為什麼要花上九個月去做兩個鐘頭就能做好的事情呢？

依蒂絲・華頓（Edith Wharton, 1862-1937）

這位寫出《歡樂之家》的著名美國作家，最喜歡在床上寫作了——如果我們能擁有像她麻州豪宅那樣的住所，應該也會想要效法——她的朋友蓋拉德・拉普斯利，這樣描述作家的日常：「她把寫字板放在膝蓋上，墨水瓶就擺在板子上，感覺相當危險，而她的左手肘下方是寵物狗，床上則散落著信件、報紙和書。」瞧見了嗎？狗狗、書本和一張床，這根本是完美的組合，不是嗎？事實上，要把工作做好，並不需要灰色隔間或是花稍的辦公椅。目前，保存依蒂絲．華頓文物的單位已經將作家寫作時住的豪華套房（包括臥室、客廳與衛浴）陳設重現，你可以親自去看看，開開眼界。

科蕾特（Colette, 1873-1954）

法國女作家科蕾特三十幾歲時覺得自己很失敗，認為自己的寫作成就還沒有到一飛沖天的地步。這是可以理解的，尤其像她這樣在十七歲年輕時候就很厲害的人來說，很容易就會覺得自己老了，再也不可能出名。

但科蕾特最後，是靠著在寫作前嚴格實行一項儀式，才讓自己在創作這條路上繼續堅持下去。這儀式就是，她在開始寫作前，一定要先幫她養的法國鬥牛犬整理打扮，直到這項工作完成後，她才開始寫作。這聽起來似乎很合情合理。

科蕾特曾經說過：「寫作是懶散的喜悅與折磨。」

PART 2

實用指南

如果我的手指能彎曲，
我也能比出蓮花指喔！

身體和心理都健康

在這充斥極限運動、每週工作八十五個小時跟速食的世界裡，樹懶式哲學中的健康守則可以幫你放慢腳步、放鬆及找回身心平衡。

樹懶式哲學

慢下來，更健康

「想要迅速解除緊張壓力，試著放慢腳步吧。」

——莉莉・湯姆林[7]

關於樹懶：樹懶是地球上動作最緩慢的哺乳類動物。他們在地面的最快速度是每分鐘四公尺。緊急時（比如進食四、五天後非得上廁所的時候！）牠們可以加快到每分鐘四點五公尺。

運動鞋製造商、健身部落客、還有奧林匹克運動大會，都要我們

相信極限運動跟高強度的體能訓練是值得讚美的付出。這是因為含有大量有氧運動的高強度健身，除了對健康有益之外，已經成為紀律與奉獻的同義詞。沒什麼適量就好啦，就是要跑馬拉松，就是要做個五十下捲腹運動，不然就爬個吉力馬札羅山——我們就是在這種情況下，被鼓勵去追求健康與長壽。願上帝保佑那些天生腳踝不好、或是內耳有問題的人。

不過，樹懶式哲學在這裡要告訴你：傻瓜才會去健身！好吧，客氣一點講，保持健康有很多方法，但不包含去跑個十八小時的極限馬拉松，把自己弄得筋疲力竭。科學家現在正在學習樹懶早已經知道的事情：慢慢地動是有益處的。沒錯，像是瑜伽跟太極拳這些所謂的慢運動療法，已經證實可有效減少慢性疼痛。甚至還有報告指出，進行這類靜態運動的人比較少吃鎮靜劑。位於美國波士頓的塔夫茲醫療中

7. 莉莉．湯姆林（Lily Tomlin, 1939-）美國多方位女演員，得過東尼獎、艾美獎及葛萊美獎。

心，曾在二〇〇八年進行一項研究發現，讓關節炎患者打十二週的太極拳，能減少疼痛和壓力。

為什麼這些低衝擊的運動這麼有效？有一個理論是：這些慢運動增加了我們的放鬆反應。反過來說就是：我們的壓力反應減少了，甚至還促進免疫作用。事實上，就算只是快步走也很有益處，而且跟跑步比起來，快步走對膝蓋的負擔可是輕鬆多了。

所以無論你選擇何種慢運動，重點是慢慢做，讓呼吸規律，控制動作——這是不是讓你想起了誰？沒錯，就是樹懶！記得，要瘦身、擁有健康的方法不是只有一種。

樹懶式哲學

深呼吸——即使你倒栽蔥

關於樹懶：樹懶有獨特的結構，內臟的位置都是固定的，不會彼此互相擠壓，肺部也不會受到壓迫，這讓牠們在做各種姿勢時都能輕鬆呼吸。牠們演化的結果就是：最喜歡頭下腳上的倒掛姿勢。

好好地呼吸應該是一件簡單的事情，我們也都靠呼吸維生。對於這個說法，你可能會想：我現在就在呼吸啊，是有什麼問題嗎？問題在於我們的呼吸經常是沒效率的，這對健康絕對有負面影響；我們不是全身緊繃，彎腰駝背，就是分心，以致於我們吸入與呼出的空氣只比噴氣多一點。

電腦和壓力就是主要罪犯。例如我們把筆記型電腦放在膝蓋上打字時，這個壞姿勢讓肋骨壓著橫隔膜，讓我們的肺沒有空間擴張。這種壓力會讓我們的呼吸短淺，也就是所謂的換氣不足。

練習深呼吸是很重要的，因為它可以減少壓力跟降低血壓。藉由增加血中的血氧濃度，可以加速細胞痊癒，甚至還被認為可減少發炎。美國的南卡羅來納醫科大學在二〇一六年所做的研究發現，只是二十分鐘的呼吸練習，就能讓發炎的唾液細胞激素減少。也就是說，幾分鐘的專心呼吸，真的能對身體有益，而且是從細胞開始。

因為深呼吸令人驚嘆的效果是經過科學驗證的，你會發現練瑜伽的修行者、軍人跟運動員都在練習。所以，把身體打直，挺起胸膛，讓你的肺有空間擴張，然後深吸一口氣，再吸第二口，持續下去……感覺很棒，對不對？

倒立可以幫助消化。我喜歡這樣倒掛。

如果不是這麼懶，我就能數出星星有幾顆。
但最好的享受，還是這樣看著星星。

樹懶式哲學

尋找安靜的地方

關於樹懶：樹懶的耳朵非常小，幾乎聽不太到聲音。牠們多數的時間都活在安靜中。啊，真是好命……

噪音汙染會危害我們的身體與心理健康，但我們又不能像樹懶那樣，覺得受不了的時候就躲到樹上。長期暴露在大聲的噪音中會造成聽力衰退、睡眠障礙、高血壓，以及壓力上升。

世界衛生組織建議住宅區的噪音值不能超過五十，但對多數人來說這只是夢想。舉例來說，警報器是一百二十分貝，建築工地的噪音測得在八十與九十之間，呼嘯而過的地下鐵列車大約是八十分貝。城市變得如此吵雜，科學家發現知更鳥現在不在白天鳴叫，改到晚上。無論鳥兒要說什麼（說皇家又有新成員誕生？），在現今全球的幾個主要大城市，噪音值是絕無可能降到五十以下。無論是愛開趴的倫敦，或是紐約——這個城市每年甚至會有幾百幾千件的噪音申訴案，誰叫它是出了名的不夜城！

雖然多數人對自己住的地區束手無策，但我們還是有辦法減少身邊的噪音汙染。除非你打算把家當收一收，搬到荒郊野外沒水沒電沒訊號的小屋裡隱居，否則這裡有幾個方法，可以提升你生活中和平與寧靜程度，又不會讓你被當怪人看：

出門在外：

- 戴耳塞或有降噪功能的耳機。
- 避開建築工地、吵雜的派對跟地下鐵，改到公園散步，去看看

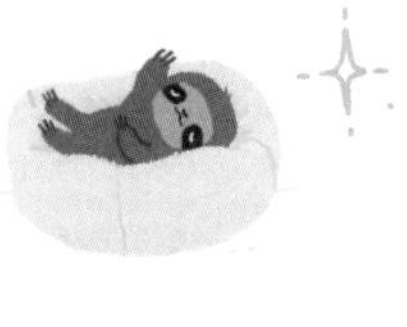

松鼠在做什麼。

在家：

- 如果你住在馬路旁，可考慮安裝隔音窗。
- 買一台白噪音助眠機，或是下載白噪音APP。
- 把小孩送去寄宿學校[8]。
- 把不停吠叫的小狗換成安靜的貓[9]。
- 找個遠離喧囂的地方休息一下。

面對噪音，城市的居民可能會有喘息的機會，因為新的城市計畫總是不停在推展，例如把馬路改成自行車道，或改成輕軌，甚至政府

8. 這是開玩笑的，但「真的」可以提升你和平寧靜的程度，所以……看你囉。
9. 這也是為了博君一笑。但說真的，為了安靜，何不試看看？

也會花錢投資在改善地鐵與車廂上面。但在你的城市尚未有完備的改善噪音計畫之前，你還是盡可能讓自己慢下來、緩下來，仔細聽著周遭，注意環境的改變。如果日常生活中的各種噪音實在太多，偶爾不妨找個安靜的地方躲起來，然後在那裡打個盹。

樹懶樹懶慢慢來，
掛在樹上懶洋洋，
天天都是星期五。

樹懶式哲學

不要中了酸民的招

法國博物學家喬治．布豐，是第一個在著作中描述樹懶的人，他在一七四九年出版的生命科學百科全書裡這樣寫道：「這個集合了怪異跟笨拙的生物，表現出來就是慢吞吞、總是病懨懨的，而且一付愚蠢樣。」真是沒禮貌。他還提到：「樹懶是生存中最低等的形式，再多一個缺陷就會無法生存。」

活著，有時好難。無論你是樹懶或是人類，人們會對你的外表、生活方式跟先入為主的「缺陷」品頭論足。他們評論的時候可能很刻薄、嘴賤，對你的心理健康造成了負面衝擊。特別是網路上很多評論都很殘酷，而我們通常就是對自己最苛刻的評論家：你可能會覺得沒有人相信你，你不適合這份工作，覺得你把事情搞得一團糟，或是你不值得被愛。

但看看樹懶，牠還是一樣一臉滿足，不覺得自己「慢吞吞」或是「笨拙」，也不知道曾有科學家說牠們是生存的最低等形式。如果牠們把布豐的評論聽進去，很可能就活不下去吧。牠們如果想：「這樣活著還有意義嗎？沒有人喜歡我們，我們的生存就是一種錯誤，我們只是一個奇怪的錯誤……」然而牠們避開了絕望，逃過了滅絕，活到現在，默默地成為地球上最迷人的一種動物。牠們的慢，是才能；不尋常的身體結構相當可愛。牠們甚至把慢吞吞跟懶洋洋活成了自己的風格。

樹懶一直用自己最真實的模樣活著。是我們這些人終於開竅，才明白牠們的價值。

朋友們，這就是樹懶之道：不要管那些酸民，做好自己的本分。說不定到最後，那些毀謗你的人心胸突然變開闊，或是終於頓悟了，還會轉向讚美你呢（如果沒有，就狠狠罵他們一頓吧，因為你最棒了）。

樹懶式哲學

樹是你的朋友：享受森林浴吧

關於樹懶：樹懶大部分的時間都在樹上，牠們喜歡大自然的確多於人群，那可能就是為什麼牠們可以那麼放鬆。應該是這樣。

你應該聽說過一股流行的健康風潮叫「森林浴」（老古板們別擔心，你可以不必脫衣服，好好穿著衣服享受森林浴）。這股風潮起源自一九八〇年代的日本，在當地被視為預防醫學的重要項目之一。「森林浴」意思就是「如沐浴般充分浸淫在森林裡」，或是「吸收森林裡的空氣」。科學已經驗證，在大自然裡花時間，也就是看著樹，可以降低血壓跟壓力，也可以改善睡眠、心情、活力與專注力。

而這些益處，樹懶當然早就知道了，所以牠們才會那樣自在無壓力啊。所以去找座森林，然後站在裡面，即使只是座小公園也可以。吸氣，呼氣，看看四周，然後往前走，跟一棵樹來個抱抱。相信我，你會覺得全部身心都舒暢了。

如果你無法走進山林，或是出不了門，一小塊草坪也有用。你可以試著在家裡四處擺放植物，它們可以為你增強效率跟專注力，也同時消除壓力與提振心情。

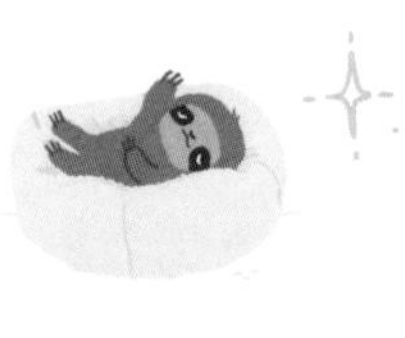

管它是好朋友，或只是一棵樹，
有時候我只是想要好好地擁抱。

樹懶式哲學

透過運動實踐樹懶式哲學

「我不認為『需要為發明之母』。我的看法是，發明來自於閒散，也可能來自於懶惰，都是為了省去自己的麻煩。」

——推理小說女王，阿嘉莎・克莉絲蒂

我會直接跳過美式足球，即使它其實是你所能想到的最慢速運動，如果你認真去研究的話。每次都只有動個三秒，就要花十五分鐘站在那裡討論比賽。我們都知道美式足球有讓人受到腦震盪、傷害大腦的風險。所以，

我們要來看看其他運動愛好者是如何實踐樹懶式哲學，且不會在

過程中受傷。

射飛鏢

這個遊戲非常符合樹懶式哲學，因為你會想從事這個運動（最入門的程度）的時機，基本上是在跟朋友喝酒玩樂，偶爾想要動動手臂跟眼睛肌肉，剛好力氣又只夠往牆上丟枝飛鏢的時候。通常在你啤酒喝夠多時，你會變成神射手，讓飛鏢接近紅心；之後你就開始茫，飛鏢往下掉到桌上或地上。

游泳

精確地說，泡熱水澡更好。英國羅浮堡大學有一份研究發現，泡一個小時的熱水澡可以消耗一百四十大卡，泡澡者的血糖值也會稍稍降低。所以有機會就盡情享受三溫暖、熱水澡跟泡泡浴，因為這些都不需要動。要不就愜意地用腿打打水。畢竟樹懶式哲學的宗旨，就是用你覺得舒服的方式過日子。

硬地滾球

硬地滾球有點像保齡球，但不是讓球在光滑的木製球道上滾動，而是在土地上。對任何覺得保齡球比賽節奏過快的人來說，這真是一項好運動。玩法是你先丟一顆小球到遊戲的場地上，然後再丟另外四顆球，想辦法丟得離第一顆球越近越好。哪一隊丟的球離第一顆越近的，就是獲勝者。玩硬地滾球的大部分時間都是站著沒事做，所以你有很多時間可以喝酒閒聊，這就是這個運動最棒的部分。如果一種運動能讓人一邊進行又隨時有機會喝酒，不管這運動有多怪，都會讓人覺得好玩，而硬地滾球恰好符合這個需求。

冰壺

它可以稱為「冰球」或是「冰上溜石」。這是一個乍看困難的

運動，而且對膝蓋與大腿肌肉很傷。不過觀看冰壺比賽既療癒又刺激。看著冰壺優雅地在冰上滑動，前方是一群狂熱又穿得毛茸茸的人，幫它刷冰刷出一條路。這是一項講求尊嚴與團隊合作的運動，而且規則相當簡單，很容易進行。

沙壺球

它又稱為「沙狐球」。這個附庸風雅的運動，遊戲規則跟冰壺很像，只差在它的速度比較慢，需要的設備也比較少。玩的人用一根棍子在遊戲板上推動一個小但有重量的圓盤，推到三角形得分板上。分數最高的隊伍便獲勝。因為不太耗費體力，所以通常被視為適合高齡者的遊戲。不過因為現在大家都懶惰，所以最近在文青界也頗為盛行。

摘到這朵花就好讓人開心，不是嗎？

問題 QUIZ

哪種樹懶式運動最適合你？

如果請你想像充分享受運動樂趣的一天，你腦中首先浮現的是：

A 看電視

B 前方有一條長長的路，路旁的人為你喝采。

C 馬匹、帽子和幾位你在中學時的室友。

D 兩位天才運動員、或是兩個隊伍進行一場公平的比賽。

以下何者是你理想中的運動飲料？

A 一品脫的啤酒

B 添加B12的維他命飲料

C香檳

D檸檬水

最適合運動的服裝有：

A丹寧褲與Polo衫

B有吸溼排汗功能的布料

C亞麻襯衫

D所有白色的衣服

答案
Answers

選A比較多的你：射飛鏢。你是你們這個區的傳奇人物。張三李四跟其他人至今對你在示範單手扶地挺身時卻睡著的事蹟依舊津津樂道。

選B比較多的你：八百公尺衝刺。你精力充沛，樹懶式運動可能不適合你，只是你從事的激烈運動到你老的時候，膝蓋就會付出代價。

選C比較多的你：槌球。你的懶是走上流社會路線的懶。你不需要做很多事，也不需要快動作，因為是你付錢叫別人幫你做。

選D比較多的你：網球。因為網球最適合不喜歡運動的人了。

最快樂的人總是有吃不完的沙拉。

食物與飲料

如何能好好享用壽司捲，
就算裡面可能含有水銀或鉛或塑膠？
如何放棄自己做有機嬰兒食物的念頭？
不再思考紅酒喝到什麼程度叫過量？
你只需要將樹懶式哲學運用到食物上，
就能降低焦慮，想吃什麼就吃什麼。

樹懶式哲學

慢慢吃

「對緩慢的渴求，只是基於抗拒生活中貧乏的味覺體驗。緩慢讓人得以重新感受味覺。」

——世界慢食運動的創立者，卡羅・佩屈尼。

關於樹懶：樹懶要消化一餐可以花上一個月的時間，當然，這就是慢食的最佳典範。牠們的新陳代謝速度是動物界裡最慢的。

我們無法控制體內消化食物的速度，但我們可以選擇慢慢地吃，

開心地吃。樹懶跟慢食運動有很多共通點。

慢食運動開始於一九八〇年代的義大利，他們意圖要對抗速食，提倡吃本地生產的新鮮食物，建議跟親友共同享用一桌美食：就是那種一餐有六道主菜，美酒一瓶接一瓶，或許在陽光下，坐在可眺望地中海美景的餐桌，最後送上義大利白蘭地與濃縮咖啡。真是人間天堂啊。

當然，有時候我們為了圖方便，會選擇吃速食跟外帶，但這一點都不可恥。樹懶式哲學的慢慢吃，就是提倡一種正向的態度，即使你不是吃一小時前才跟本地小農買的貴森森有機農產品。這個態度就是盡情享用你選擇的任何食物，不拘泥於任何地點，無論是在火車上吃糕點，或是在公園椅子上吃火腿三明治（如果你對自己吃的食物感到罪惡感，那你就畫錯重點了）。

如果你想要更徹底效法慢食運動，不妨下次天氣好的時候到外面野餐。沒有比在陽光下跟朋友坐在小墊子上吃吃喝喝，更能以樹懶式哲學的態度體現慢食運動的精神。

所以帶個起司、麵包、紅酒跟葡萄，或許再來點英式香腸捲或蘇格蘭蛋，看你喜歡什麼就帶什麼，然後慢慢吃，花個一兩小時一口一口吃完。放輕鬆，慢慢來，享受你的食物，就是帶給自己快樂。無論你剛好正在支持本地小農（或者本地攤販的外帶食物），或是你正吃著健康新鮮的食物（也許你下一頓會吃得健康一點之類的）——無論你現在口裡正在嚼什麼，好好享受它吧，這就是樹懶式的慢食運動。

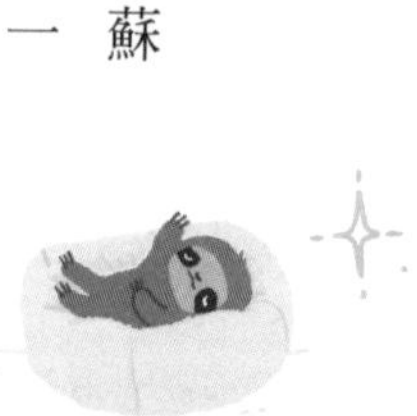

樹懶式哲學

和白菜一起過更好的生活

「給懶人一顆蛋，他會叫你先幫他剝好。」

——立陶宛俗語

關於樹懶：樹懶是草食性動物，以樹葉、嫩枝與水果為主食。牠們最愛的樹，是一種在南美洲可快速生長的號角樹。

如果說要幫你的飲食計畫添加一些綠意，你可能會覺得太刻意而哇哇叫（好啦，我知道香腸捲跟薑汁啤酒不算均衡飲食）。不過你要知道，「對你有益的食物」跟「選擇健康的飲食」是兩回事。當然，樹懶式哲學不是來傳福音的；無論你是非得要餐餐有肉的人，或是正在嘗試吃素，樹懶式哲學只是要你記得多吃一點青菜而已。

但要怎麼樣才能吃得更好呢？尤其是被你推到冰箱角落的萵苣蒂頭已經爛了。

幸運的是，資本主義這時就派上用場。說不定你家附近剛好有蔬果bar，可以讓你享用到蔬菜與水果打碎混合後的美妙滋味，而讓你在飲食上多攝取一些蔬果。甚至下次到餐廳用餐時，不妨把火腿三明治換成鷹嘴豆泥，或是把晚餐的馬鈴薯換成烤綠花椰。

無論你選了哪種方式，多吃些綠色蔬菜對你的健康絕對有正面影響，因為葉菜類富含維他命C跟K、葉酸、鉀跟鐵等營養。多吃蔬菜還有一個最重要、也經過科學驗證的好處是：可預防許多疾病，也可改善消化功能，讓骨骼更強健……好處多多，不及備載。所以啊，要想對身體好一點，就學學樹懶多吃綠色葉子喔。

樹懶式哲學

拒絕在辦公桌吃沙拉

關於樹懶：樹懶都在外面吃，牠們會離開那慢吞吞的電腦[10]，到很遠的地方吃飯。

一旦你下定決心一週裡有幾天的午餐要改吃沙拉，那麼接下來，就是要避免在辦公桌上用餐。這是有原因的，例如到外面晒晒太陽對

10. 指電腦跑得太慢了，但這樣也有好處，可以讓樹懶不致於像我們一樣沉迷於網路，所以牠們經常往外跑。

你有好處，而且整天伏在辦公桌前工作，會讓你姿勢不良。再說，散步永遠都是好的，走到外頭去，與其他人眼神交流，活絡自我的心靈。而且在午休時間好好休息一下，也能讓你在同事面前看起來沒那麼淒慘。

如何讓午休時間過得更像樹懶？重點就在於要多嘗試，找到適合你的方式。像我就曾經有八年的時間，每天午休都在辦公桌上吃沙拉，但我沒有因此更快樂、更健康（如果我當時在公園吃沙拉，然後把工作辭了，這個選擇看起來還比較健康）。

記得，一邊吃櫛瓜義大利麵，一邊檢查工作上的電子郵件，這樣進食並不健康喔。帶著你的綠色餐點到外面吧，坐在公園的長椅或是哪裡的階梯上，或是坐在咖啡廳裡，讓午休時間恢復它原本的目的——在中午休息。

給懶懶酒保的懶懶雞尾酒

一杯正港的懶懶雞尾酒，要用哥斯大黎加傳統的瓜羅酒調成。瓜羅酒是一種用甘蔗釀出的透明甜酒，後勁很強，可別說我沒警告你喔。

配方

萊姆
兩匙糖
冰塊
60ml 的瓜羅酒
氣泡蘇打水

做法

把糖放到杯底，再以萊姆擠汁澆在糖上，直到呈為糊狀。接著放入一些冰塊、瓜羅酒跟氣泡蘇打水，攪拌後就可以享用囉！這款雞尾酒喝起來的感覺，就像你跟最喜愛的樹懶一起躺在大太陽下的吊床一樣。

樹懶式哲學

樂在其中

關於樹懶：樹懶大部分的體重，來自於牠胃裡的內容物。

樹懶以緩慢的速度，慢慢塞了很多葉子進肚子裡，牠們的體重有超過四分之一來自於未消化的食物。但其實樹懶才不管飯後胃脹氣，因為牠們是樹懶，做什麼事情都是自然而然的。沒有人跟牠們說你吃太多了，你應該要讓飲食多樣化，或是應該淨化排毒。

這個世界到處充滿了關於健康的建議，好讓我們覺得自己的飲食

習慣已經失控。早上來一杯加了檸檬的溫開水，然後每天都要吃一球大蒜，連吃三天；接下來這週其他幾天，全都只吃蒸雞胸肉跟甜菜根，最後再來個咖啡灌腸，然後你的體內就清潔溜溜了。看到了嗎？這實在有夠複雜跟累人的，更別說還很花錢。

其實樹懶式哲學，就是要大家忘記數字、重量、卡路里、大卡、淨化，甚至最近流行讓人長壽的超級食物——諷刺的是，多數我們聽到的食物科學都相互衝突。到底是豆漿比較健康還是燕麥奶比較好？紅酒如果節制地喝還可以嗎？又是否乾脆我們現在就喝掉一整瓶算了？那咖啡呢？上床睡覺前吃通心粉會幫助減重，你說呢？但真實的狀況是，除非你啃了一根鉛管，或是早餐嗑掉一整盒甜甜圈，否則你的飲食習慣其實都算良好。

雖然人很容易被瑣事纏身而忘記顧及健康，但是跟以前的人們比起來，我們現今生活的食物來源相當充足，而且更容易取得健康營養又衛生的食物，我們真的很幸運。因此，樹懶式哲學要你相信自己跟你的身體：意思是，你可以想吃就吃，想喝就喝，直到你覺得飽了或滿足了為止。如果覺得餓，就用食物幫身體恢復活力，你只要記得，我們就是吃，然後消化，總是不斷重複這個過程，這是自然的奇蹟！

早上喝完咖啡，再小睡一下，
就太完美了。

事實上，
沒有什麼比得上小睡一下。

問題
QUIZ

最適合你的樹懶式餐點是？

以下何者是你最喜歡的烹飪器具？

A 手機。因為你可以打電話叫外賣。

B 微波爐

C 壓蒜器

D 獨立式雙門烤箱

如果你是狗，會是哪個品種：

A 我會是隻貓

B 從動物之家領養的米克斯

C黃金獵犬

D柯基犬

你已經幫自己預約好了一次小旅行，你要去：

A印度的果阿消磨一段海灘時光，然後到孟買裝文青。

B比利時的布魯日，享受啤酒與建築之美。

C法國馬賽，買手工皂跟品嚐馬賽魚湯。

D蘇格蘭高地，體驗老鷹放飛。

答案
Answers

選A比較多的你：外帶咖哩雞跟一杯山吉歐維榭葡萄酒。你喜歡品嚐濃郁多層次的口味，又不需要花很多時間準備，只要點餐跟打開酒瓶而已。只在乎簡單、優雅，這就是你。

選B比較多的你：英式香腸捲與一小杯伏特加。你喜歡好吃又直接不花稍的食物。這道餐點不只簡單也很容易吃，跟你平易近人好相處的個性超搭的。

選C比較多的你：義大利馬鈴薯餃子佐手作青醬，配琴通寧調酒。對你而言，烹飪是愉快的休閒時光，但不是每一種菜你都要煮到。你最

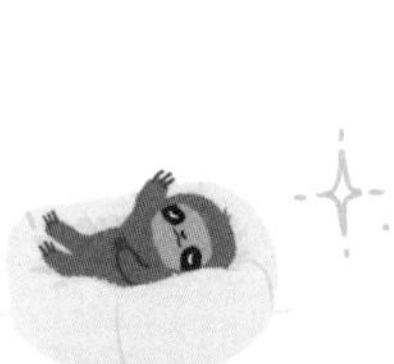

喜歡新鮮、經典跟手工自製的餐點。另外，如果樹懶會喝酒，牠們應該會愛喝琴通寧。

選D比較多的你：烤雉雞跟一杯香檳。食物就是要慢慢享用，盡可能花很多時間細細品嚐。你熱愛與美酒佳餚有關的儀式。朋友知道你會把比較晚吃的午餐延長成比較早吃的晚餐，中間還喝掉好幾瓶氣泡香檳。

了解你的懶惰史

感謝懶惰女神埃吉亞

關於樹懶：雖然樹懶通常被認為是不可知論者，牠們還是有守護女神的。

我們偶爾都需要某個可以仰望，並從中獲得能量的存在，那是某種更高的力量。但是樹懶式哲學抗拒資本主義之神——壓力與速度（例如股票交易、電子郵件的壓力，以及馬拉松的速度）。

我們已經跪在經濟成長的神壇前太久，現在該跟隨與我們自身形象相符的女神了。這就是為什麼樹懶式哲學的追隨者會轉向希臘女神埃吉亞（她的名字在希臘文裡的意思是「靜止不活動」），她是蓋亞和埃特耳的女兒，是懶惰、閒散與慵懶的女神。她負責守衛通往許普諾斯（睡眠之神）洞穴的入口。這工作不賴喔，如果你能爭取到的話。

與她相對的是霍爾墨斯，具衝勁、行動力與努力的精靈。在現今，這種要做得比預期還好的活力，也或許代表了勤勉的精神，只要堅持到底，必能獲得回報——如何，聽起來像是壓力重重的資本主義鬼話，對不對？所以來吧，投入懶惰女神的懷抱，當你快被電子郵件淹沒，或是覺得自己帶著宿醉躺在床上重看《火線重案組》實在太廢，應該要更有生產力才對……如果你深陷在這些思潮中，你將會需要祈禱文，請試著這麼念：埃吉亞，請賜給我敢於無所事事的力量吧！

希臘神話的懶惰女神埃吉亞，
應該有對那些過勞的眾神說過：
「你們看起來都該小睡一下。」

睡眠

睡眠擁有神奇的力量，
可以讓大腦從日常生活的壓力解放。
它對健康非常重要，
而且睡得多會讓你覺得開心。
樹懶式哲學對睡眠的主張，
將幫助你很快進入夢鄉，
並且拒絕錯誤的觀念。
說什麼睡得少的人好棒棒，
這根本是令人火大的鬼話！

樹懶式哲學

賴床，打個盹，早點上床睡覺

「無所事事多美好，接下來，就休息囉。」

——西班牙俗語

關於樹懶：樹懶一天睡約十到十八小時。牠們在哪裡都能睡，就算是倒掛在樹幹上，也一樣能安心入眠。看到牠們這麼能睡，下次你就不會抱怨在飛機上睡不著了。

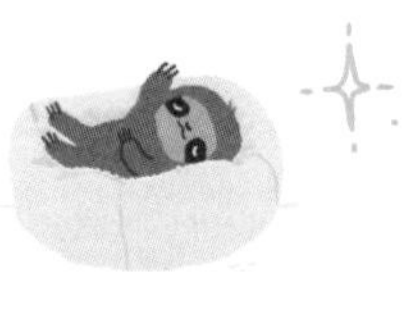

一夜好眠可以幫助提升快樂指數，增進專注力，改善你的短期記憶力，甚至還可以幫你長肌肉[12]（說不定那些苗條又有肌肉的名人，其實只是整天都在睡覺而已）。

雖然你不像樹懶（或百分之九十八的青少年）那樣能睡，但充足的睡眠對健康的確是非常必要的。事實上，睡得好的人（在睡眠干擾測量中拿到低分的）比起睡不好的人，使用更少的醫療資源。這可能是因為睡眠不足跟某些健康問題有關，例如心臟疾病、糖尿病和過胖。

那要如何讓你的睡眠樹懶化呢？洋甘菊茶、威士忌、薰衣草油、乾淨的床單、褪黑激素、遮光窗簾、耳塞、把小孩送到外面去……無論你的解方是什麼，重點是睡眠實在太棒了，而且生產力破表，所以要健康，就選擇樹懶式睡眠法！

11. 都說這是西班牙俗語，看起來也很符合我對西班牙生活方式的印象，他們的生活重心就是睡午覺、伴著美酒享受在太陽下的生活。

12. 聽起來很怪，但卻是真的。一晚睡約八到十小時，就跟禁食的效果一樣，可以促進肌肉生長的分解代謝。

樹懶式哲學
或是乾脆熬夜、擁抱夜晚

「懶人到了傍晚才開始忙起來[13]。」

——德國俗諺

關於樹懶：樹懶是夜行性動物，白天幾乎都在睡覺。

到處都是熬夜的青少年……年輕的朋友，這章是寫給你們的。

樹懶式哲學相信：熬夜跟起得晚都是非常好的事情。事實上，睡眠是SLOW法則的主要宗旨之一，但歸功於將睡懶覺等同於懶惰的汙名，我們從小就被教導要對賴床懷有罪惡感，而且不但要努力取得「足夠的」睡眠，還必須要求自己「一定要在晚上」取得才行。我們甚至已經被「早點上床」的說法給制約了，大家不是都說「早起的鳥兒才有蟲吃」嗎？——噢，不用了，謝謝。

樹懶式哲學提倡的是：依你所願隨時隨地取得足夠的睡眠。事實上，就像樹懶，我們有些人天生可以熬夜跟起得晚，這歸功於每個人不同的生理時鐘，也就是體內支配我們何時睡覺與醒來的機制。

如果你在午夜才能有最佳工作表現，或是社交活動不進行到凌晨不罷休，那你會有厲害的同伴喔。知名的夜貓子有英國首相邱吉爾，還有美國總統歐巴馬。喔，還有其他的優點嗎？有！據統計，比較晚睡的人比早上床的人擁有更多的性生活——這差不多快要到演化學等級了——總之，晚上比較活躍的人，意味著有機會進行更多社交生活與性生活，因為不會有小孩跟工作來打擾。

13. 這則俗諺道出了夜貓子在社會上遭受的誤解與歧視。事實上，熬夜把事情完成跟早起一樣值得信服。

檢查代辦事項的第一條......

我聽見亞馬遜在打呼

（仿自美國詩人華特・惠特曼〈我聽見美國在歌唱〉）

我聽見樹懶在歌唱，聽見牠們把鼾聲交織成耶誕讚美詩，
那些兩趾的樹懶，每一隻都盡本分地唱，又懶又放鬆，
樹懶媽媽唱牠的調，一眠有多長，歌就有多長，
樹懶寶寶唱牠的調，彷彿準備好要醒來發呆，
或遊蕩，或兩者皆有，
樹懶奶奶在牠的樹上唱出屬於牠的回憶，
而牠的看護在森林的地上歌唱，
一身亂毛的樹懶坐在牠的樹幹上歌唱，
毛更亂的樹懶兒子在一旁打盹、打呼，

逃亡者之歌（從上星期開始已經離家兩英尺），
懶惰鬼一大早就開始睡，中午也睡，太陽下山也睡，
樹懶媽媽唱得好聽，努力地什麼都不做的新嫁娘唱得好聽，
游泳或沉思的女孩唱得也好聽，
不分雌雄每一位都唱著獨一無二的調，
白天屬於白天——到了夜晚，
年輕的樹懶在沉沉的睡眠中茁壯、情誼更深，
在牠們沉睡的鼾聲中，唱出溫柔動人的一曲。

問題
QUIZ

你的樹懶式睡眠是哪一種？

你的夜晚儀式包含以下哪項：

A 威士忌，再加上一本以義大利卡布里為謀殺案背景的小說。

B 化妝水、精華液、晚霜、晚安面膜。

C 準備好要出門了。

你偏好的睡衣款式是：

A 法蘭絨材質的連身式睡衣。

B 某女星提倡環保的服飾品牌所推出的仕女睡衣。

C不穿，習慣裸睡；或是直接穿著凌晨四點回到家的那身衣服入睡。

你還記得你做過的夢嗎：

A所以才需要寫下做夢筆記啊。

B吃的安眠藥通常讓我睡死，所以記不得了。

C那是夢嗎？還是預言？誰知道呢？世界多奇妙啊，竟夢到那些明星都是我的孩子。

你的理想上床時間是：

A看書看到睡著的時候。

B吞下安眠藥三十分鐘的時候。

C在酒吧準備打烊的時候。

答案
Answers

選A比較多的你：天生就是適合睡覺的樹懶眠者。

睡覺對你永遠不是難事。你很愛上床睡覺前來段長長的抒壓時間，讓你的思緒遊走、身體放鬆。你起床的時候神清氣爽，身體協調。你是樹懶眠者界的高手。

選B比較多的你：認真型的樹懶眠者。

你嚴肅看待睡眠品質，睡覺是需要經過事先計畫與準備的。你的睡眠不屈就於舊床單、舊衣服跟舊枕邊人。你追求的是高品質跟精心安排的睡眠質地，只有最棒的夜霜（跟專業醫美用品）可以滿足你。你讓樹懶感到驕傲。

選C比較多的你：夜間之光。

跟樹懶一樣，你偏好在夜晚活動。睡覺是白天的活動，晚上才是完成工作跟玩樂的時間。你的睡眠習慣不用讓社會來指指點點，因為你跟別人都一樣有睡啊。

知名樹懶

太空樹懶毛毛

母樹懶毛毛（Buttercup）原本不問世事，只想待在哥斯大黎加的「樹懶聖地」裡，躺在吊床上懶洋洋度日。沒想到有一天，在一場Reddit網站所舉辦的「無人機飛向月球」模特兒票選活動中，牠竟然被眾多網路鄉民選出來。大家都認為牠穿著太空服的照片很適合放入時空膠囊裡，坐著無人機飛上月球。而這張照片則是由攝影師佩卓．迪歐尼索（Pedro Dionisio）基於好玩的動機下，用電腦合成後放上網路的。也由於這個傑作，我們才終於可以看到一隻穿著太空服的幸運樹懶，被送上了月球南極——只因為這個世界有點蠢。

休閒娛樂時光

電影、電視節目、書籍跟藝術，讓世界得以運轉。

更棒的是，你不需要花很多力氣就可以輕鬆享受。

樹懶式哲學中有個很重要的部分，就是要保留時間自得其樂。

你能夠靜靜地坐著，然後盯著東西看嗎？

很好。看來你已經準備好享受某些藝術，

你可以輕鬆地聆聽音樂，以及慢慢地讀書。

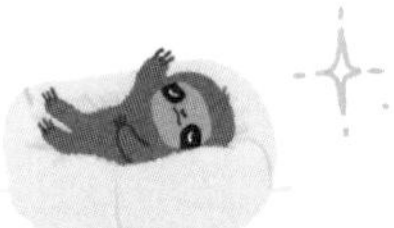

有時候什麼都不做，

就是最了不起的成就了。

樹懶式哲學
慢讀的藝術

「我一直是（或許還算是）哲學家的原因，就是因為我是一個慢讀的教師。」

——尼采

關於樹懶：你知道樹懶沒辦法讀得很快？甚至根本不會讀？

如果樹懶可以閱讀（是說如果），牠們不會一邊讀名人八卦的雜誌，一邊看電視，然後又斷斷續續聽著另一半講著超市的收銀員跟顧客吵架的事情。而且樹懶只會做離線閱讀，牠們會仔細又專注地閱讀。如果牠們真能閱讀，說不定會在喜歡的段落上畫線，因為牠們是想很多又聰明的動物。

但我們始終沒有被鼓勵要慢慢閱讀。我們不只被慫恿去消費每分鐘發生的雞皮蒜毛小事，以確保自己沒有被邊緣化，甚至還要學著瀏覽標題，而不是閱讀完整的文章。我們挑戰一年讀一百本書，然後在網路上記錄挑戰成功的成果，沉醉於消耗閱讀量帶來的生產力。根據某些憂心科學家的觀察，我們在線上跟離線時草率地閱讀，已經成為一種流行病。而解藥就在這裡：慢、慢、閱、讀。

「慢讀活動」提倡以放鬆的步調閱讀，主張慢慢地讀才會增加閱讀的樂趣與理解。所謂「慢讀」，就是將書的內容全部吸收，並

14.
樹懶應該無法閱讀吧。但在這裡，請運用你的想像力。

且大聲念出來；你不僅要仔細且慢慢地查生字，還可以跟朋友好好討論。事實上，根據一份英國報告指出，只要六分鐘的「真正」閱讀，就能將壓力指數降低，比喝一杯茶或聽一段音樂還更有效——但請注意，這可不包括條列數據的文章，以及用照片說故事的書籍。

所以放下你的手機，讀一本用紙做的書。慢慢閱讀，對你的健康絕對有益。

樹懶式哲學
閱讀清單

樹懶式哲學的閱讀方式，並不單是提倡以慢速度閱讀，也並非要你只讀篇幅短的內容（雖然這兩者都很好），而是要你閱讀真正喜歡，以致於能忘記周遭世界的書籍；又或是閱讀可以減輕焦慮的書，或者用簡單易懂方式說明世界上發生什麼事的書。例如：

《小王子》——法國作家，安東尼．聖修伯里

這本甜美的經典故事，是關於在世界上找到自己的定位，非常適合在你覺得壓力很大，需要在生活裡來點樂觀時反覆閱讀。小王子在宇宙間旅行，學習各種關於愛與失去的人生課題，直到他在沙漠裡與一位飛行員結為朋友。以下數字讓你對《小王子》的魅力有些感覺，自從一九四三年以來不斷再刷，已經翻譯成三百種語言。或許它就是慢讀界的終極之書。

《夏日之書》——芬蘭作家，朵貝・楊笙

《夏日之書》是關於一個小女孩去跟她住在芬蘭一個小島的奶奶（偶爾會出現一隻貓）共度夏天的故事。書裡描寫了這對祖孫如何享受大自然，並學習了付出愛與生活。朵貝・楊笙最有名的作品是「姆米谷童書系列」，但大家應該也要讀讀她其他的作品，細細品味其中的情感。對慢讀狂熱者來說，楊笙是最適合的作者。

《燈塔行》——英國作家，維吉尼亞・吳爾芙

這本書很有挑戰性，因為你的腦子得花點時間去適應它的節奏。當然，若要你將平常閱讀手機條列式文章（你不敢相信豬居然是寵物

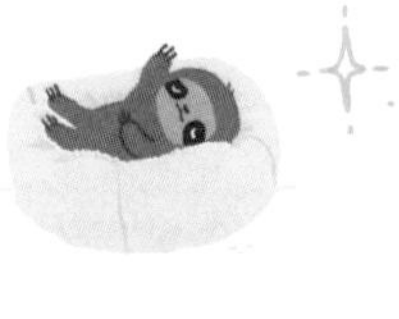

的前七大城市）轉換成閱讀吳爾芙慢悠悠的散文，可能有點衝擊。但這本小說，寫關於某一家人在蘇格蘭西部的斯凱島上度過夏天，值得細細閱讀。

《牧羊少年奇幻之旅》——巴西作家，保羅・科爾賀

這本書是那種當你十四歲讀它的時候，整個人為之震撼，有一陣子甚至會成為你最喜歡的書（直到你讀了《麥田捕手》）。它的篇幅也很短。最早以葡萄牙文出版，後來成為世界暢銷書。內容是關於一名年輕的牧羊人，做了一個預知夢，讓他決定到埃及尋找寶藏。故事主軸是在要人順從命運而行，這類的書一向都很棒。

《稻妻小路的貓》——日本作家，平出隆

跟貓有關的書，永遠都是慢讀的聰明選擇。《稻妻小路的貓》是關於一隻流浪貓開始造訪一對住在東京的夫妻，並改變他們生活的故事。貓是毛茸茸的小球，由愛與毛皮組成，最適合當故事主角。除了樹懶，貓可能是下一個值得我們學習緩慢生活方式的典範。

《長腿屋》——美國作家，溫德爾・貝里

作者被喻為「現代梭羅」，這本書收錄了經典的自然書寫散文。以美國肯塔基州為活動範圍的貝里，非常熱愛他成長的家園。書中平均地分成哲學、環境保護跟懷舊回憶，文章主要寫對土地的愛，在一個地方落地生根的感覺，一直想回到這個地方，並想保護它免於現代生活的危害，無論是經濟發展、汙染或是土地轉手。這本書是關於緩慢、簡單生活，因此非常適合慢讀。

《那不勒斯故事》——義大利作家，艾琳娜・斐蘭德

也許讀過這套書的讀者中，有百分之二十的人覺得故事步調有點慢跟混亂（誠實的警告：這套書加起來可是有上百萬個字）。至於剩下的百分之八十（他們的腦子有好好校正過）覺得這系列是人生中最迷人且有收穫的閱讀經驗之一。這套書有四本，講述兩個在義大利那不勒斯長大的女孩，探索愛、友情、戀愛，長成女人並學習找到自己在世界上的生存方式。這系列令人上癮，可以先試著讀一本。

任何給小朋友的著色畫

誰說慢讀一定只限於讀字？因為著色畫在技術層面上還是書，而且它們是一種讓你慢慢「讀」的好方法，只要你選對書的話。創下十億銷售業績的成人著色畫，是因為能讓急呼呼的大人們用快又方便的方法安撫心中的緊張不安。然而現實上，這些給大人的著色畫都非常複雜令人焦慮；即使我們已經長成大人，不表示我們就能順利塗滿蝴蝶翅膀上的三百個小格子。改買給小朋友的著色畫吧，有著又大又寬的空間讓你在空閒時塗好塗滿。再也不用為了畫不完人體細胞中的線粒體或是用百萬種植物組成的美人魚花園而感到崩潰了。

樹懶式哲學
享受旅行

「善行，無轍跡。」
——老子

關於樹懶：樹懶在網路上有大量曝光率。有用牠們做的迷因圖、被瘋傳的影片、以牠們為主題的部落格，還有（執筆的此時）超過十萬個ＩＧ標籤。雖然樹懶在美麗的哥斯大黎加跟巴拿馬過著好日子，卻不熱衷在網路上記錄自己的生活。你不會找到這些一生都活在無電力世界的哺乳類的自拍或度假照。不管牠們做什麼，或去哪裡，都是為了讓自己開心，而不是為了別人。不覺得牠們的想法才對嗎？

你可能有聽過社群媒體對旅行的負面影響。美國的「全國公共廣播電台」提到：「ＩＧ族群可能正在摧毀自然景觀。」而英國的《獨立報》更刊出令人絕望的頭條：「社群媒體毀了我的暑假。」因為一群又一群的遊客來到某個景點，只為了在網路上證明自己有來過，而這個舉動惹火了當地居民，讓他們也把假期浪費在沮喪情緒中。

根據線上訂房網站Expedia的研究，放假的人在每週放假期間平均花九小時在社群媒體上。有一成受訪者坦承每次自拍都要拍個十五張，以確保能拍出最佳假日照；許多人不只在網路上公開自己的臉，甚至要記錄所到之地的每樣事物。一間位於希臘聖托里尼的學校更張貼公告，拜託愛拍照的旅客不要拍下學生在外面玩的樣子。

我們沉醉在自己的網路形象裡，忽略了現實生活，特別是現在多數的電信方案提供網路吃到飽，在這種狀況下實在讓人更難活在網路之外。但我們仍然必須盡力嘗試。

樹懶式哲學不是要你去找一條完美的小徑，看了心情好的小石堆跟可愛的藍色門口，只為了從鏡頭看它們一眼，然後離開再去尋找下一個拍攝對象。這種旅行方式很奇怪，也有點不誠實。為什麼要假裝只有你一人從山丘上俯瞰馬丘比丘？明明那裡就有一大群遊客跟你拍一樣的照片！

旅行又忙又亂，總是無法照著計畫走，但這就是旅行迷人之處。我們旅行的原因就是希望能稍微脫離自己跟日常生活。所以，享受在德國點一杯馥列白咖啡，或在葡萄牙點一杯啤酒，而不要立刻告訴其他人。充分感受美國的羚羊峽谷或非洲維多利亞瀑布之美，而不需要記錄下來。或是在土耳其安卡拉專心聆聽街頭藝人表演手風琴，看見他的貓在後面合音卻不拍影片下來（雖然不用想也知道你一定會拍的）。樹懶式哲學提倡的是享受旅行，而不是把拍照當目的。

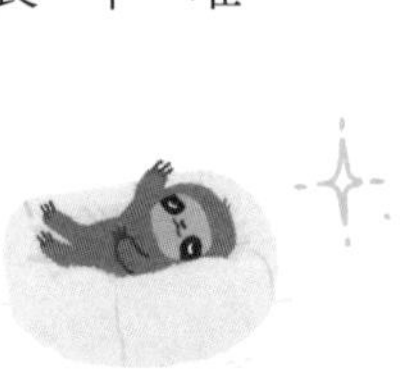

世界是一棵樹

（仿自莎士比亞戲劇《皆大歡喜》其中一段獨白〈世界是一座舞台〉）

樹懶的世界就是一棵樹，
牠們全都只是在睡覺；
有各自（超級慢）的出場與入場，
每隻樹懶因為過於懶惰，所以在生命中沒扮演什麼角色，
演出也極少，除了吃跟上廁所。
首先是嬰兒時期，
緩慢地、滿足地被母親抱在懷裡；
然後是懶洋洋的幼童時期，用牠的三趾，
帶著一臉好奇，像蝸牛一樣爬行到睡覺的樹幹上。

接著是情侶樹懶（開玩笑的，樹懶可愛到沒辦法做愛）。
再來是士兵樹懶，用各種藉口來解釋自己為什麼逃兵
（行軍太多，睡眠太少），覬覦榮譽，吵架太慢又中斷，
不求光輝，只求陽光，即便ＵＶ指數很高。
接著是判官樹懶，
在牠圓圓的肚子裡，塞滿了葉子，
牠總是閉著眼，一身毛皮修得工整，充滿了如珠妙語，
總是在實行現代人的睡眠練習；這就是牠所扮演的。
往下一個階段前進吧——
但看起來跟之前的一樣，真的，
只是年長樹懶有了老態，鼻子上架著老花眼鏡，
孫子樹懶圍在身邊；
年輕時的輝煌成就（一項也無），牠的世界就只有這棵樹。

現在牠的慢已經慢成一家，而且還教育其他樹懶，
當我年輕時，我們都知道要怎麼懶惰……
演講途中，突然睡意來襲。最後一幕，
終止在這奇怪、平淡無事的歷史，
只有永恆的童心與充滿祝福的懶惰健忘，
沒有關心，沒有煩惱，沒有無意義的競爭，沒有了一切。

樹懶式哲學

投入令人放鬆的音樂科學

關於樹懶：樹懶的聽力不太好，依靠觸覺與外界應對。如果牠們的聽覺能更加發展，牠們或許會喜歡九〇年代有節奏的藍調，偶爾聽一些經典的鋼琴曲。

音樂是幫助我們放鬆的超棒工具。對的音樂可以幫助降低血壓，增加幸福感與減少壓力。為了達到這個效果，你要選比較慢的曲子，不要選電音舞曲或任何會讓你一路跳舞跳到凌晨五點的樂曲。一份英國研究發現，世界上最令人抒壓的音樂，是來自英國曼徹斯特的

三人團體Marconi Union的〈無重力之歌〉（Weightless）。

這首八分鐘的曲子擊敗了包括恩雅、莫札特等人的樂曲，成為臨床實驗認證最抒壓的音樂。交織著令人平靜的鐘聲、鋼琴、吉他跟一些佛教梵唱，〈無重力之歌〉的抒壓效果經過科學驗證，比喝杯茶或按摩更有效！為什麼會這樣呢？

馬來西亞的研究者發現，我們的心跳會為了配合音樂節奏而慢下來，而最能令人放鬆的音樂類型（能增加放鬆與減少壓力的程度）是每分鐘約六十拍。

所以下次當你感到壓力破表、心臟狂跳、思緒亂飛時，立刻抓起耳機找些拍子慢的音樂來聽，將能感覺到你的心跳配合音樂韻律而慢了下來。而在你享受這份放鬆感時，心跳速度也會接近樹懶，因而體會到一種特別的平靜感覺。

如果你想找具有樹懶式哲學的「活」音樂，你可以查查As Slow as Possible，這是歷史上最長也最慢的音樂，這首以管風琴演奏的曲子，從二〇〇一年在德國演奏至今。

戴上耳機，
就聽不到那些吵死人的鸚鵡叫聲了。

樹懶式哲學
音樂聆聽清單

音樂家李歐納・柯恩在修道院住了大概有十年。他總是閒坐著，冥想跟寫詩。直到有一天，他覺得差不多了，便回到洛杉磯籌劃世界巡迴演出，當時他七十四歲。在那場巡迴裡，他總共演出兩百七十四場。這是很典型的樹懶式策略：用很長的時間保存你的能量，然後等你覺得可以的時候，做點有趣的事情。

〈打烊時間〉（Closing Time）——李歐納・柯恩

柯恩多數的曲子都有遵照樹懶式哲學，這首特別適合當作樹懶式狂熱者的入門歌。〈打烊時間〉是一場美麗的迷幻旅行，關於待在外面到超過上床時間，享受活著的高潮與低潮（這首歌可能有更深的意涵，但你有抓到我的大意就好）。

莫札特K448號奏鳴曲

聽莫札特會讓你變聰明，或有助於學習的「莫札特效應」，這些說法還沒有受到科學家們百分百的同意，但是有研究證實，聽K448號奏鳴曲可以減少癲癇症患者腦中異常放電的情形。音樂真的很厲害，對吧？這首曲子可以安撫你的大腦，幫助你投入懶洋洋生活。

〈天堂的起司漢堡〉（Cheeseburger in paradise）——吉米・巴菲特

這首歌頌安慰食物與海灘生活，有哪首歌能像它一樣唱出了樹懶式哲學？

〈我們何不喝醉〉（Why don't we get drunk）——吉米・巴菲特

這首歌唱的是喝醉後的性行為。樹懶不喝酒，但如果牠們會，牠們會在醉得很開心時有個緩慢又感官的性行為。

〈瑪格麗特村〉（Margaritaville）——吉米・巴菲特

這首歌是關於充分享受人生，藉由彈吉他、吃海綿蛋糕跟——當然囉，喝瑪格麗特調酒。

〈搖籃裡的貓〉（Cat's in the cradle）——哈利・查平

這首歌寫的是一位父親忙到完全沒時間陪孩子，結果一切都太遲了。就把它當作警惕吧。聽這首歌，然後把工作辭了，帶小孩去

15. 你看，只要聽吉米・巴菲特的歌就好了。除非瑪格麗特調酒、海灘跟小船莫名讓你覺得焦慮。

動物園，不然等你老了，小孩也不會來看你（可能除了連續假日以外），因為你是失敗的父母。

〈啟航〉（Sail Away）——恩雅

葛來美音樂獎得主恩雅跟她的貓一起住在愛爾蘭的某個遙遠城堡，貓的數量最多時甚至到十二隻。這種「貓咪城堡」的生活方式無疑非常放鬆，使這位世界知名的歌手創作出你所聽過最抒壓的音樂。

〈夢〉（Dream）——小紅莓樂團

這首相當暢銷的歌曲，唱的是當你終於找到可以愛的人時候的心情。裡面也有歌詞提到不要為明日計畫，為今晚而活，非常經典的樹懶式哲學。享受這一刻吧。

〈像你一樣的人〉（Someone Like You）——愛黛兒

這首歌的主題比較悲情一點，是關於一個女人因為舊愛找到新歡而悲傷不已。不過當思考愛與人生的時候，愛黛兒的歌聲再配上一杯茶或一瓶酒，讓人感到放鬆。這就是樹懶式哲學在做的，放鬆與思考。

〈黃色〉（Yellow）——酷玩樂團

靈感來自於威爾斯的夜空，你很難找到能比這首更催眠的歌。樂團坦承「黃色」這個字其實沒有特別的意思，只是在歌裡聽起來很對味而已。樹懶式哲學很愛這種在對的地方搞無厘頭的事情。這是一首很棒的睡覺歌。

讓你的日常生活樹懶化，隨機但很實用的小撇步

1 開車時讓車速保持在速限下。感覺一下，只要幾分鐘就可以。如果你因此被其他車叭了幾次，感覺臉熱熱的，這很讚，請繼續下去。或許你要去哪裡或是你要花多久才到並不重要，我的意思是要從生命更廣大的結構來看（當然，如果你跟醫生的約診時間已經快來不及，就不要選這時候實踐這個撇步）。

2 買一雙外型像拖鞋，裡面毛茸茸的毛毛鞋（它們也可能本來是室內鞋，結果被當成外出鞋穿出門）。從家裡到附近商店買東西，可以不用換脫，也不用麻煩地綁鞋帶，直接一雙鞋穿出門的感覺超好的。尤其冬天時，你的懶惰小腳被溫暖羊皮給包覆

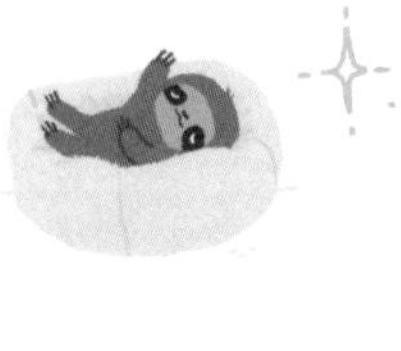

而暖呼呼的，會讓你再也不想穿一般正式鞋子。

3 把你家的時鐘移掉一個，因為時間是霸道武斷的。現代的時間觀念是由資本家設計出來，讓一天的工作時間有個標準，然後我們就相信了，真是可惜。我們的生活被數位時鐘弄得亂七八糟，每聲滴答都提醒著我們往盡頭更靠近一秒。回復到懶散的時間吧：只要感覺需要睡覺就睡，不然就吃點東西——不是因為「吃飯時間到了」，而是你餓了。

4 有時候不妨在白天喝酒：下午兩點的紅酒，透著光看最閃閃動人了。或許你也可以重設你所有的密碼，因為俄國人駭進了整個網路，能不能在網路購物也不再那麼重要了，對吧？此時，你只要輕鬆地再來一杯紅酒，盡情享受因為放慢步調帶來的快樂，就這麼好好享受人生吧。

愛與人際關係

無論是友情或愛情，
用健康的方式去給予與接受，
這種愛的能力，將對幸福有很大的影響。
學習用樹懶式哲學去生活、去愛，
會讓你的人生有很大的改變。

樹懶式哲學

一切都是跟熱忱有關

關於樹懶：母樹懶準備好要交配時會尖叫。

你知道嗎，其實樹懶會發出叫聲是有原因的，牠們在大多數時候都是很沉默，只有在性慾來時才會發出叫聲。母樹懶一旦將發情期昭告全森林，公樹懶就會緩慢地漫步過來與牠交配。雙方各取所需之後，便會滿意地分開（但願如此）。超級重點來了：公樹懶可不會去打擾還沒準備好，或是不願意交配的母樹懶。

那些人類的多情種子，請你們學學什麼叫做「取得同意」。在這方面，樹懶式哲學就是主張等待，直到對的時刻，雙方都準備好也有意願時，才會進行下一步。因為說真的，有什麼好急的？除非有人很戲劇性地、誇張地肯定，說他們想要與你更親密，那你就接受吧。如果他們感覺來了，他們會大聲、清楚地告知已經準備好了，也許不是用尖叫的，但可能是給予很多笑容、點頭和肯定的話語。

所以下次想要來點樂子的時候，你知道該怎麼做嗎？向宇宙尖叫吧，然後等待你的祈禱靈驗；或是省下喊叫的力氣，去參加網路交友，這可能更實際些。

樹懶式哲學
緩慢又撩人能贏得比賽

「性是有情感的行動。」

——美國的性感象徵、全方面的藝人，梅．威斯特

關於樹懶：樹懶的交配，大約五秒鐘就結束了。

我們可以從樹懶身上學到很多，包括性方面。我知道你在想什麼：五秒鐘的性行為似乎有點誇張，那為什麼還要花時間脫衣服？你說的沒錯。但這裡的重點是，公樹懶在五秒鐘射精之前，牠可是費了

一番工夫。樹懶式哲學追求的是培養親密感、浪漫感以及與互有愛意的對象產生宇宙連結——性行為本身並不是唯一重點。所以向樹懶學習吧！慢慢來，聊聊天，花點時間多了解彼此。

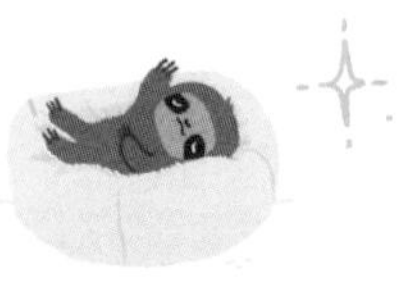

問題
QUIZ

你是什麼樣的樹懶式戀人？

說到約會，你的想法是：

A 呃……如果我遇見誰，就遇見誰啊；可能我會在二手黑膠唱片店找到他們……或是書店。

B 宇宙會把我們湊在一起，我只需要敞開心房，每天戴著我的愛情水晶，清除屋子裡的負能量（還有我用瑜伽姿勢拍出的交友大頭貼）。

C 一個晚上盡可能地多排些約會——只是單純基於統計學的做法。

你最喜歡的性感食物是？

A 牡蠣

B 一罐餅乾跟一包起司條

C 木瓜

你的理想約會有以下哪個要素：

A 到市中心看表演，在附近的酒吧喝杯紅酒，之後拍張高雅的裸照。

B 日式摺紙課，之後幫彼此手淫。

C 在安得司山健行，之後在帳篷裡有個熱氣騰騰的性行為。

答案

Answers

選A比較多的你：兩趾樹懶。

你比較偏傳統派，愛情會在你最不期待的時候降臨。當你找到愛情時，你想要所有跟它有關的甜蜜陷阱：玫瑰花、騎士風度、溫柔的愛撫，還有共度良宵直到早晨。被呵護永遠都是最美好的，雖然這些浪漫期待可能會讓你在對象面前有點自我感覺良好，但請記得，給予永遠比接受更好（至少有大半的情況是這樣的）。

選B比較多的你：三趾樹懶。

你甚至覺得趾頭越多越好。你喜歡讓每次性行為都能帶著崇敬、想像與感激。對你來說，探索與享受你的伴侶是最性感的事情。無論何種情形，你都以創意與熱情回應。

選C比較多的你：蛇。

你有一點與眾不同，更可能是個有怪癖的變態。你喜歡性與任何肉體行為，你的伴侶也喜歡。但過度強調肉體，也代表你忽略了心靈的那一面。試著和伴侶增加親密度，無論是在你們倆清醒時做愛，或是在臥室以外花時間相處，對你們雙方都很好。

小小草，

我可是很在乎你們長得好不好喔~~

樹懶式哲學

我們彼此相依偎

關於樹懶：樹懶和森林裡的微小生物彼此依靠共生。例如樹懶蛾，就住在樹懶的毛皮上。牠們在樹懶的糞便裡產卵，等到幼蟲孵出，趁樹懶下到地面排便時，就住進牠們的毛皮。這個循環不斷持續，而且在樹懶蛾死去後，牠們所留下的養分又餵飽了某種在樹懶毛皮裡繁殖的藻類，而樹懶會吃這些藻類當作營養小點心。這真是個美麗又毛茸茸的生態系統，對吧？

知道我再來要談什麼嗎？擁抱共生關係。我們都有一個目標，

也都彼此依靠。就像藻類需要樹懶，反之亦然。也許有人正依靠著你，即使只是你養的法國鬥牛犬，或是你的雇主，或一棵植物。

樹懶式哲學明白我們不是住在真空狀態，我們都屬於一個大生態系統的一部分：朋友、家人、鄰居、心愛的人甚至陌生人。我們是社會的一員，依靠社群的每個人，實現我們所共享的社會契約以讓社會運作。我們支付稅金，政府提供學校、警察、消防員與醫生。我們幫跟在後面進門的人扶著門，不在大眾運輸系統上亂摸別人，或是殺人，出門時也通常會讓自己看起來像個值得尊敬的人類。而其他人也會為了我們做一樣的事情。我們每天都這樣做，所以社會妥善地運轉。我們都明白自己要扮演的角色，我們會感謝咖啡師、幫別人扶著門的人……同樣地，樹懶和樹懶蛾也會感謝彼此的存在。

樹懶式哲學

不過有些依賴不太好

關於樹懶：樹懶是野生動物，不適合養在家裡當寵物。事實上有很多國家禁止個人飼養樹懶。樹懶也不喜歡被觸摸或梳洗。牠們有特殊的飲食習慣，需要可以閒蕩的廣闊戶外空間，還要又熱又潮溼的環境才能活得好。像牠們這樣的動物，最好讓牠們照著自己的方式生活。

當你非常喜歡某樣東西，覺得它很可愛，你的第一個反應就是擁有它、佔有它、把它關起來等等。你可能對它著迷過頭，想要注視它的一舉一動，時時刻刻在一起。然而這對彼此來說不是最自在或最好的。這種愛具有毀滅性，會讓人心痛。如果某人不想被一段感情給控制，或是他們正提出合理的說明為什麼事情就是行不通，那就相信他們吧，這對很多人來說是要努力學習的。樹懶式哲學就是主張「讓習慣自由的人獲得他們的自由」——即使你真的很喜歡或很愛他們，希望他們對你百依百順，你還是得讓他們擁有自由。你可能會遇到很多這種習慣自由的人，他們忙著追尋自己的夢想（有可能是遙不可及的夢想，也可能是忙著旅遊世界），忙著做自己的事情，但是生命有一部分就是要我們學習面對，理解這類型的人不適合跟自己一起規劃未來。這所有的問題都跟你個人無關，只是他們沒辦法給你那些你想要的。

我們可以有很多理由讓自己對那個在乎的人放手。而事實上，當生命走到某個時刻，當我們知道彼此關係再也無法前進時，一切的跡象都會告訴你，最好的做法就是讓對方自由。在這時候，我們必須真正地放下，往前走，尋找下個更好的、願意跟你宅在家裡的對象。例如貓，或是你哲學課的某個好人。

動物園裡曾經發生的一件事

樹懶在樹上，
樹懶在樹上，

嘿，媽，樹上有隻樹懶，
牠還在那裡，
你看到了嗎？

牠沒做什麼，
只是睡覺而已。

我還以為有什麼好看的。
媽，可以叫牠看過來嗎？

我要牠動起來，
不要只是在樹上睡覺。
用這枝棍子試看看，
或許，
牠會醒來看著我……
樹懶在樹上！

噢你看！
牠好像發火了，
這讓我好興奮！

媽，你看那是什麼啊？
有熊靠過來了？
媽媽，這真是太棒了！

樹懶式哲學

練習刻意獨處

「什麼最難？了解自己最難。」

——古希臘哲學家，泰利斯

關於樹懶：樹懶天生不喜歡社交活動，多數時間都是獨處。樹懶從來都不會邀你共進晚餐，或是找二趾樹懶蘇西跟牠的朋友一起到酒吧。樹懶就是比較喜歡獨處。我們可以跟牠們學習獨處之道。

「獨處」這兩字在現今有點被汙名化：取消計畫而宅在家裡，自

己一個人去看戲，或是躲到森林小屋幾個月……這都意味著你可能內心有點崩潰（或是蓄鬍準備組裝信件炸彈）。我們向來被教導獨處太久會造成寂寞與孤立，或者人會變得古怪——照這個邏輯，若我們是單獨一人，一定代表是缺少愛與快樂。

但實際上，選擇獨處有許多心理學上認證的優點。刻意獨處是一種選擇，讓我們可以把事情看清楚，遠離令人抓狂的群眾。刻意獨處也可讓我們有更深刻的思考力、創造力並加強專注力。

而想要有這樣的獨處狀況，其實也不容易，因為現在我們已經習慣從朋友、手機、家人等等各方面得到立即的刺激，以致於不是很明白要怎麼靠自己。我們也已經被制約人就是要找伴侶、找一段感情、找個人聊聊。

維吉尼亞大學曾做過一項研究發現，當受試者面臨兩項選擇，一是獨自一人坐在什麼都沒有的桌子前，二是被電擊，結果選被電擊的人竟意外地多。研究人員認為，尋求自我傷害的本能其實是出於怕無

聊。但難道我們的想法就這麼瑣碎無聊嗎？難道我們失去自得其樂的能力了嗎？其實只要一點練習，我們都可以學會如何享受到獨處時療癒、豐富與啟發的美好效果，根本不用靠電擊來消磨時間。

我想建議你，試著安排一些時間獨處吧。每天試著保留幾分鐘，無論是不帶手機進浴廁幾分鐘，或是午餐時間自己一人散步；如果你想要進一步，甚至也可以跑到海邊找間小套房住，而非一天一點點的獨處時間。請記得，刻意獨處是健康的。樹懶式哲學就是主張（不帶手機的）獨處帶來的心理益處。

我在和我閃耀的思想獨處

快閃族活動取消了

從前從前有隻樹懶叫阿包，
因為工作關係牠遲到兩天才現身。
但跟牠快閃跳舞的夥伴並不在乎
（牠們都是樹懶，根本不在那），
穿著緊身舞衣的阿包感覺被出包。

工作與學校

都說人就是要成為社會上具有生產力的一員，
賺錢過活，拿到好成績。
然而努力達成這些的壓力，會讓我們覺得有點受不了。
我們從樹懶身上學到的，就是牠們既不工作也不上學，
這物種卻還是存活了百萬年。

「我很懶。但就是懶惰的人發明了輪子跟腳踏車，
因為他們不想走路或是搬東西。」
——前波蘭總統，華勒沙

樹懶式哲學

為「懶惰」一詞洗白

「無所事事是世界上最難的事情，最難但也最花腦筋的。」

——愛爾蘭作家，王爾德

關於樹懶：樹懶其實不「懶」，牠們很有效率。牠們會用從容不迫的速度移動以保存體力，慢慢地消化食物，大部分的時間都在睡覺。牠們是很聰明的動物，卻在動物王國裡被稱為是最懶惰的物種。牠們只是爛行銷下的受害者。例如，就沒人提動也不動的蛤蠣，牠們也沒要出來跑馬拉松啊。

讓我們幫「懶惰」一詞洗脫汙名，如何？我不是在談命令別人去找工作、上班或上學。我談的是讚美懶洋洋地窩在沙發上，手機關靜音，一手拿著外帶食物。這種「懶惰」讓你的思緒漫遊，讓潛意識浮上檯面，讓你思索人生，用平靜且謹慎的方式解決問題。乍看是發懶，但其實很有效率。時時刻刻動個不停的並不會更好，只是社會上要我們這樣做而已。我們誤以為把自己搞得很忙，就是證明自己很重要很聰明或是更有價值。但科學實驗證明，卻說剛好相反。

你知道「思考的人」比「不思考的人」更懶惰嗎？換句話說，越聰明的人，很可能越懶惰。

這是怎麼回事？其實有高ＩＱ的人不需要太多外界刺激來娛樂自己，這代表他們可以閒閒坐著，把事情想透，感到徹底滿足，例如腳上穿著襪子坐著，讀關於丹麥樂活的書，配著咖啡跟餅乾，而不是只為了有事可忙而到處衝來衝去。另外有些人總是被事物分心，一副心不在焉的，但卻不是我們所謂的樹懶式懶惰。「去學校接孩子？不太

可能。我忙著幻想我家的貓穿燕尾服會是怎樣。」像這種想法，就很接近特斯拉跟蘋果電腦這類公司最初創立的靈感。

所以下次如果你凌晨五點從俱樂部回家，看到有人在慢跑時，你可以告訴自己，其實你比他們聰明一點。然後進屋子裡睡個覺，因為你需要為下個可以改變世界的大計畫儲備能量。

樹懶式哲學

專精一樣事物，其他就不管了

關於樹懶：樹懶很會游泳。不過當然，牠們不可能出國比賽得冠軍，畢竟那不是樹懶游泳的原因。

我們都聽過小鴨在體育課輸掉百米短跑的故事。相信小鴨的老師一定心想：「這傢伙連這個都做不好，鐵定一無是處。她到底來學校做什麼？」一直到游泳課，小鴨才找回自己。一隻超級會游泳的鴨子！當她被人家認定一無是處時，誰知道她居然有這項神祕技能？

這個故事的重點在於沒有人十項全能，但一定有一樣是我們擅長的。我們只需要找出自己擅長什麼，然後全力發展，雖然這在現今重視某些技能勝於其他的世界裡很困難，因為大多數人都重視速度、不留情面，重視財富還有解決問題的能力。但萬一你擅長的是跟人家聊很久的天，用燉鍋燉菜跟寫信呢？萬一你當人家的女朋友很行，但跑馬拉松不行呢？萬一你烤麵包超厲害的，但是打鑽石結（美國西部牛仔哏）卻很遜呢？萬一你超會喝咖啡聊是非，要你寫email卻寫不出半個字呢？

事實上，我們要用自己不擅長的事物來摧毀自我的信心，是相當容易的事。所以我們必須避免因為覺得壓力跟罪惡感，而要不計代價去改進那些你本來就不擅長的事。你不需要改進自己，原來的你或許就已經很好了：某些事情很厲害，某些事情不太行。大家都是這樣的。不用在意你不懂加密貨幣是什麼，應該在意什麼是你擅長的，把它們列出來，我敢說一定是很長一串的清單。所以囉，只要選擇樹懶式哲學，知道自己擅長某些事物即可——管它們是什麼都可以。

知名樹懶

Oso Perezoso（西班牙文中「懶惰的熊」）

當樹懶小Oso決定要跨越厄瓜多一條繁忙的高速公路時，牠誤判情勢，爬到一半就放棄了，最後被人發現牠抱著路中的護欄。警察救牠的照片在網路上被瘋傳，粉絲們都理解這小傢伙的困境。有時候我們接受了超越自己能力的挑戰——而我們永遠熱烈歡迎救援之手到來。

樹懶式哲學

淡定與冷靜

關於樹懶：樹懶非常擅長靜止不動，牠們靠完全不動來躲過掠食者的攻擊。如果大聲吵鬧、動來動去，那正好吸引老鷹來吃掉自己。

現在我們被鼓勵要挺身而出，說出來，表達自己，讓大眾聽到我們的意見。要進擊！進擊！進擊！……這些都很好，但也要知道何時該閉上嘴巴，休息與傾聽。不用時刻尋求聚光燈打在自己身上，只是在一旁看著、觀察跟學習也很好，事實上我會主張這樣對你的心理健康才有益。樹懶式哲學中的「顧好你自己」就是要明白你沒有責任隨時說出你的想法，參與每場戰鬥。你不需要對每件事情都有意見

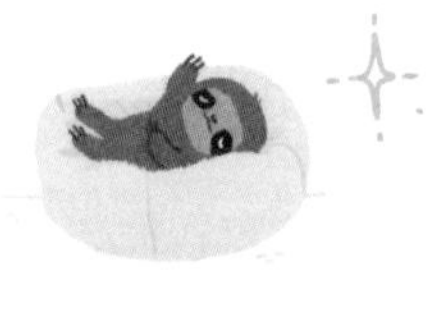

（不過在別人尋求你的幫助跟建議時就不適用了，多數時間你還是要當個好人）。

試著評估你是否需要參與每個細小的人際網路或是家庭爭吵，考慮一下或許自己可以旁觀就好。沒錯，你的姊妹在你媽七十五歲生日派對時帶了一個派，跟你帶的口味有點接近（牛肉啤酒派——好啦，一樣的口味）。但她「可能」只是忘記她要帶的是維多利亞海綿蛋糕，並非跟你有仇才這樣做的。算了吧，退一步海闊天空。

在社群媒體上也可以選擇樹懶式哲學。下次你想發動一場華麗的反擊，或是在網路上跟你的前同事槓上，請發揮樹懶精神退一步吧。想想看這就如同英國脫歐，若你加入戰局就能改變眾人對這件事的看法嗎？有無可能只會讓你的心情更加不爽？若你真的做好心理準備來對戰，有無可能還是換得沮喪？如果你在思考是否參戰時，感覺到心跳速度加快的話，這或許就是你該放下與保持冷靜的時候。你知道有哪些物種沒有很快被滅絕的風險？六種樹懶裡面就有四種。學著點吧！

樹懶式哲學

辨別出必要之必要

「自然而然。無為而為。」

——老子

關於樹懶：樹懶的待辦事項裡沒有什麼急事。雖然睡覺跟吃絕對佔了大多數，但還是有一件必要的任務，就是牠們每個月再怎麼不情願都要執行一兩次的事：上廁所（對樹懶來說，廁所即是森林地上的洞）。

我們的世界充滿著緊急通知：我們必須在中午前、下班前、本週末前、本月底前辦妥哪些事情。我們經常面臨截止日造成的壓力與威脅。但事實是，我們真正「需要」做的事情非常少。想像一下，跟你爺爺解釋為什麼你非得每天在社群媒體上更新近況，他在戰爭時當過傘兵，知道什麼緊急、什麼不緊急。是跟法西斯主義者打仗嗎？沒錯，很好。請繼續。那可以上傳一張你在義大利波西塔諾戴著寬簷帽的背影照？這不急吧。

用待辦事項開始一天的生活吧，如果你喜歡列清單之類的。加上哪些事項是你需要做的，為的是它們可以讓你或小孩或寵物活下去。而這些生存要項可能是：吃早餐、餵貓、穿衣服、吃午餐、上學、喝水等等。專注在這些超級基本事項上，有助於釐清事情輕重，然後其他有的沒的就滾一邊去。你不用買新的踝襪；你不用回任何人的email；你不用自己做嬰兒食品，外面有賣瓶裝的。樹懶式哲學就是要明白：有時候你只要專注在必要事項就夠了。

接著，發誓等會再做

「拖延」兩字就跟「懶惰」一樣，經常被誤解。我們來看看那些總是能趕上截止日（甚至提早）的聖人怎麼提出告誡：「一旦開始做了就沒問題——你會覺得好過多了。」但這種說法，根本沒有顧慮到那些天生就會拖的人，還有那些非得要遇到截止日逼近（或是早就過去）的壓力，才能逼出最佳表現的人（藝術家通常屬於這種）。十八世紀的劇作家謝利丹最有名的事蹟，就是在戲劇首演那晚，演到第二幕時才把最後一幕的劇本交出來。但是觀眾根本沒發現。

此外，腦波比較弱的人也很容易成為拖延者。在你的朋友群中，應不難想起某個朋友總是很願意幫你忙？有時你會想，難道她不用

工作嗎？她要啊。只是她放下工作，所以才能來陪你，人超好的對吧？

或許你也遇過好天氣在公園一起喝啤酒的朋友，其實他根本完全把工作截止日或是待洗的浴室擺一邊——雖然聽起來有點奇怪，但真的是這樣。

請記住，拖延者做事情的時間觀念跟別人不同，不代表他們的行為就是錯的。如果你通曉拖延的藝術，要感到欣喜。如果你經常因為追趕截止時間而感到壓力大，想要一次做好所有的事，就試著退一步吧。還記得ＳＬＯＷ法則第四條嗎？「有什麼好急的？」

我們最擅長的，
就是把時間爬得慢～慢～慢～

曾經有隻來自布里斯本的樹懶

他媽媽從來沒有幫他取名。

（她慢慢地想，到底要叫他傑瑞、喬、哈瑞斯，還是克萊德？）

現在他已長成青少年，這位「無名氏」覺得遺憾。

樹懶式哲學

花時間去摸索

「放慢腳步享受生活。你衝得那麼快，錯過的不只是風景，連目的跟原因都跟著失去了。」

——美國喜劇演員，艾迪·康托爾

關於樹懶：樹懶一天約可移動三十六公尺。大約是每分鐘移動二點五公分的速度。牠們不在乎要花多久時間才能到。牠們很淡定。所以要記得，賽跑時跑得慢跟堅定的會贏（最好是樹懶對賽跑有興趣啦！）

年輕人在決定自己的未來時，總會面臨許多壓力。你長大以後要做什麼？大學要選什麼課？要去哪裡實習？你的創業想法是什麼，要去哪裡找資金？你還沒登上熱門的富比士三十位三十歲以下菁英榜嗎？沒？你到底為什麼花了那麼久的時間卻還沒功成名就？……怎麼好像你非得跟任何人解釋你的人生跟職涯？這實在很累人又壓力大。樹懶式哲學相信，你應該用自己的步調花時間摸索，無論要花多久的時間都是值得的。

無論你現在十四歲或是四十五歲，如果你不知道人生的目標在哪裡，沒關係，放心吧，你有很多同伴。家政女王瑪莎·史都華一直到快四十一歲才出版第一本書（在那之前她在華爾街工作，擁有一家外燴公司）；婚紗設計師王薇薇在四十一歲時開了她第一間婚紗精品店；山繆·傑克遜本來是名舞台劇演員，直到四十五歲才終於主演了電影《黑色追緝令》；雷·克洛克超過五十歲才進入麥當勞；蘿拉·英格斯·懷德六十五歲時才出版了第一本書《大草原之家》；藝術家摩西奶奶到了七十歲才開始作畫，九十二歲時寫自傳；紐約時報暢銷書榜上作者平均年紀是五十四歲……所以重點是，你還有很多很多的時間。

當你覺得遭受打擊、失去方向的時候，記得ＳＬＯＷ法則（請見第13頁）然後問自己：「有什麼好急的？」很多成功人士在他們畢業後，都還不知道自己想做的是對或錯，更何況是你！人生有一部分就是得一邊摸索一邊前進，沒什麼好覺得丟臉的。把你的教育跟職涯一定是線性發展的念頭放到一邊去，接受這個觀念吧：人生的發展其實會亂飄、繞圈圈跟改變方向。這就是人生的旅程。

從梯子上掉下來也沒關係，
你可以再爬回去，
或是就待在原地。
不管怎麼樣，
你還是很了不起。

知名樹懶

樹懶羅拉Lola

羅拉成名的原因是有一次她跟女星克莉絲汀·貝爾一起出席了脫口秀節目《艾倫秀》，克莉絲汀·貝爾看到她時開心到激動哭了，這段影片在網路上瘋傳。羅拉現在住在加州的野生動物教育中心，她的社群網站帳號有超過一萬六千名粉絲。你可以買到有印她肖像的T恤，還寫著HANG IN THERE幫你加油。她也可以為了「教育目的」而現身。所以如果「舉辦以樹懶為主題的生日派對」列在你死前必做的清單內，可是大有機會實現的哦。

美容保養

樹懶無敵可愛的，
雖然長相非常奇異，也沒在管衛生。
但從樹懶身上，
我們學到了如何愛護與照顧自己。
其實，什麼方式都行，
只要我們覺得有效就好。

讓陽光進來吧！
這樣多少都能吸收到一些維他命D哦。

樹懶式哲學

跳一小段屬於你的舞

關於樹懶：樹懶在大便前會搖搖屁股像是跳舞的動作。從這裡我們學到「儀式」的重要性，當然你不用在尿尿前來段踢躂舞，但樹懶式哲學認為要替保養建立一套儀式，讓你覺得生活有價值，即使這套儀式對別人來說可能很怪。

我們花了很多時間讀了外表該怎麼樣、該怎麼穿才對。但等到我們終於搞清楚，才親身體驗到：無論是創造個人風格，或發誓沒塗睫毛膏絕不踏出家門，或花了一筆不小的錢在香水還是花稍的髮型上，我們卻經常後悔不已。揮霍無度！虛榮心作祟！浪費時間！然後，當我們不再接受最新潮流，我們被評價為跟時代脫離、落伍。啥？便便舞？那也太二〇一七年了吧？現在是甩手舞的時代啦！樹懶式哲學選擇的是那些讓你開心跟變美的小事情（那些酸民去死吧）。

無論髮膜、膠原蛋白膠囊、乳酸精華液、防晒乳液，或是一盒粉餅、毛茸茸的拖鞋、黑色指甲油……你的儀式可以有很多種形式。今日的美容儀式有二十七個步驟之多，大約需要花上四十分鐘（對我們成長於九〇年代的人來說，這段時間都花在用眉筆補塗以前拔過頭的眉毛上。總算，濃眉又回來了，我們的臉看起來很不一樣了）。所以，花這麼久的時間又怎樣？只要是你想做的，無論花多久時間都可以。因為你值得。而且你看起來超美的。

樹懶式哲學

但放手也可以

關於樹懶：樹懶動作慢到連藻類都長在牠們身上，藻類讓牠們可以融入環境。牠們的毛皮上還有甲蟲、細菌、蛾跟真菌。但你知道嗎？牠們還是一樣可愛，即使根據社會獨斷的標準，牠們根本是「放手不管」。所以你也可以。

有時候「自我保養」的意思是變成「退出自拍競賽一陣子」，而不是把你最好的一面呈現給世界（除非你要上傳一張有加標記的#素顏自拍，那就去吧）。樹懶式哲學主張把你的例行事項放慢速度，退一步，讓你有機會做你想做的事情。

總是有幾天，你無論是因為生病了、沮喪、筋疲力竭，又或只是發懶或宿醉，即使只是做一點點事情就覺得整個人千斤重，更不用說要先去沖個澡，或是去角質、吃頓健康早餐。自我保養其實也包含了從床上訂炸雞、幾天不刮腋毛——如果這才是你想做的，也無妨哦。有時候我們的腦子跟身體需要休息，或是需要藥物治療，或是某種療法。這是你的人生，你知道怎麼做最好。所以不用擔心如果你幾乎不保養會怎樣。垂著一頭油膩膩的頭髮，讓藻類長出來吧！就把自己當作只是個活人，沒生產力，什麼都不做。樹懶式哲學就是要你對那些有的沒的期待喊「停」。

讓你的衣櫥樹懶化

樹懶式哲學主張不用花太多力氣就能看起來順眼跟舒適。樹懶有毛皮，當然這點就比我們吃香多了：毛皮比起我們又乾又癢的皮囊，其實舒服（跟可愛）多了。然而，我們也可以把衣櫥的懶惰潛能發揮到最大，只要幾個簡單的步驟：

1 選擇有伸縮性的材質，不易變形也不需要熨燙。雖然燙衣服是件很棒又慢的活動，可以讓人專注不受外界干擾，但也是一種痛苦。最好選擇那種不會穿一次就皺得想換人的材質。

2 避免緊身類的服飾。別考慮束腰或是高腰牛仔褲。對，它們會讓你的肚子收進去，但只要你一坐下來，牛仔褲就會把你擠出汁，讓你想吐出來。那就是為什麼會有又軟又有彈性的超讚牛仔褲。

3 洗衣機是你的好朋友，乾洗只是在虐待自己。

4 砸錢買高品質的家居服。把那套肖想很久、上下一套的絲絨家居服買回來吧，再弄雙毛茸茸的羊毛邊拖鞋。只要你放輕鬆跟穿得舒適（又要看起來很讚），會讓你更靠近樹懶式的美妙生活。

樹懶式哲學

懶懶的愛就是愛自己

關於樹懶：樹懶的手有很多種，有的有五根手指，有的沒有大拇指，也有只有兩根手指或三根的；而且樹懶的胳肢窩裡還有乳頭狀突起。

每個人都是獨一無二的。這就是人之所以為人，值得慶祝之處。其實我們從小就被教導這個觀念，只是等我們長大，在學校裡稍微跟人家不一樣，便會遭到霸凌——我們這才了解與眾不同其實很困難，也許根本不值得追求。

要跟別人一樣的壓力，即便到了成人也還是真實存在。突然之間，小胸女孩不穿胸罩成了風潮，大胸女孩則被認為少了點什麼。高腰牛仔褲成為流行，但也對像我們這些「小腹婆」來說不舒適。頭髮顏色的流行趨勢更是變化萬千得砸錢跟上。樹懶式哲學就是要捨棄擔心自己與眾不同的恐懼，這要感謝在學校多年那群惡毒的小反社會分子的訓練。

所以無論是你的想法或是身體跟別人有些不同，樹懶式哲學的方式就是選擇承認與接受你的與眾不同。如果你的乳頭位置高過你的胳肢窩，或是你的左腳腳趾長得很怪，請擁抱那些讓你特別的事物吧，那也對你的個性有益。無論我們是外向或內向，或是大聲吵鬧又在桌子上跳舞，或是在俱樂部靜靜地醉倒，我們都是可以對社會有所貢獻的人。明白了這個事實，會讓你更靠近樹懶的智慧境界。

慢慢地活著，隨處皆可逝去

讚美慢慢地活著，隨處皆可逝去。
噢枯萎的辦公桌靈魂！
噢悲慘的商業午餐！
噢週末還要上班！
為了放假，
為了退休，
噢閃亮亮的銀行機器！
閃亮亮的黑鞋子，
用閃亮亮的錢幣支付閃亮亮的手錶，

閃亮亮的臉皮用貴森森面霜塗成——
加入我們！
到樹上去！
扯掉你的領帶！
（反正你也沒辦法用三根手指打領帶。）
睡個覺！
下午三點或是半夜！
花時間，
去亂晃，
花上一個月，
吃一頓飯，
慢慢地從這根樹枝盪到另一根樹枝，
讓你的鞋子掉到森林地面，

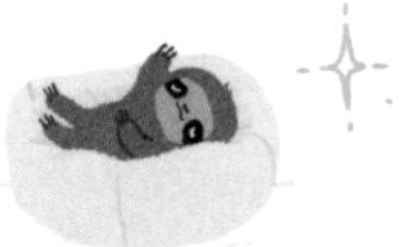

讓你的頭髮垂下，
讓太陽發揮神奇的力量，
慢慢地從鬧鈴、警報器跟行程表中解放。
相信我們，
樹懶大軍，
我們已經幫你準備好了，
加入我們！

樹懶式哲學

死命抓著你的東西不放

「如果生活不該被認真對待，那麼死亡也一樣。」

——英國作家，山繆．巴特勒

關於樹懶：樹懶懶惰到連死掉的時候都懶得落到地上。樹懶的抓力很強，強到牠過世的時候都還緊抓著樹枝。下次你到哥斯大黎加的時候要記得——你以為牠睡著了很可愛的樹懶，你還拍了牠照片的那隻？牠搞不好是死的。

我們可以從樹懶之死學到很多東西。牠們死在心愛跟珍惜的地方（一棵樹），抓住可能是牠們最愛的東西（樹幹）。想想我們，當我們的臨終之時到來，我們還能希求多少？

現在有個活動正在推動，它鼓勵我們為了死亡做準備，所以我們應該清理所有我們在意的東西，並重整生活。在北歐式生活書籍風潮中，瑪格麗塔．曼努森的《死前斷捨離》是其中最新的。覺得壓力大？買根蠟燭。不快樂？活得像丹麥人吧。快死了？把你家清空。這可能對某些人有效，不過樹懶式哲學提倡在面臨生命終點時，對自己好一點、溫柔一點。你已經快讀完這本書，樹懶式思考已經進行到此，為什麼要突然煩惱起應該要把東西清光？是害怕孩子或是孫子不想面對？其實，你終其此生累積的物品充滿了回憶與意義，是相當珍貴的。重溫婚禮誓言時留下來的乾燥捧花，英國下議院議員丹尼斯．斯金納競選連任時的胸章，或是你母親的香水瓶，一盒放很久的奇巧巧克力。留！通通留（或是你可以把奇巧巧克力吃掉，真的可以）！

終曲──

人生苦短──把時間花在你喜歡做的事情上

「無所事事時是我最快樂的時候。我可以不工作活上好幾個月，等到這樣的好時光快結束時，我會覺得清爽與充滿活力，再過同樣的日子好幾個月。」

——美國幽默作家，阿特默斯．沃德

關於樹懶：依據種類不同，樹懶可以在任何地方活二三十年，如果是籠子裡則最長可到四十年。

最後我要說，我們活在地球上的長短都是未知的。真的，我們能活在這裡是個奇蹟。在十七世紀的英國，平均壽命是三十五歲。如果你撐過了分娩，你可以預期死於疾病、過勞或是可怕的意外。現今相較起來好一點，但是當然，還是取決於機會與運氣——沒人知道前方等待我們的是什麼。所以，從生命的樹懶之樹取下一片葉子，善用你在地球上的每一天。把時間留給你喜歡做的事情：睡覺、出去玩、把歡樂帶給他人[16]。任何你想做的都去做，這是你的人生！

16. 或是吃東西。樹懶式哲學明白冰淇淋能讓你的人生圓滿。

再忙也要躺好躺滿

跟樹懶學耍廢，爽爽人生不白費

作　　者：珍妮佛．麥卡妮
譯　　者：陳采瑛
總 編 輯：盧春旭
執行編輯：簡伊玲
行銷企劃：鍾湘晴
封面圖片：宇宙垃圾
封面設計：Alan Chan
內頁插圖：宇宙垃圾
內頁設計：Alan Chan

發 行 人：王榮文
出版發行：遠流出版事業股份有限公司
地　　址：臺北市南昌路 2 段 81 號 6 樓
客服電話：02-2392-6899
傳　　真：02-2392-6658
郵　　撥：0189456-1
著作權顧問：蕭雄淋律師
ISBN 978-957-32-8836-7

2020 年 7 月 27 日初版一刷
定價：新台幣 330 元（如有缺頁或破損，請寄回更換）

國家圖書館出版品預行編目 (CIP) 資料

再忙也要躺好躺滿：跟樹懶學耍廢，爽爽人生不白費 / 珍妮佛．麥卡妮 (Jennifer McCartney) 著；陳采瑛譯．-- 初版．-- 臺北市：遠流，2020.07
面；　公分
譯自：The little book of sloth philosophy
ISBN 978-957-32-8836-7(平裝)
1. 人生哲學 2. 生活指導
191.9　　109009476

遠流博識網
http://www.ylib.com
Email: ylib@ylib.com

______年______月______日

照著描

成功的秘訣不須外求，而是深植於我的內心，就在我的思維中。

再抄一遍

我的目標

實踐步驟

1.

2.

3.

4.

5.

6.

______年______月______日

照著描

我的人生跟我的思考有關，是我思考過程的結果。

再抄一遍

我的目標

實踐步驟

1.

2.

3.

4.

5.

6.

_______年_______月_______日

照著描

以信念為動力，將所有內在力量化為實際行動，這些行動反過來會幫助我達成目標。

再抄一遍

我的目標

實踐步驟

1.

2.

3.

4.

5.

6.

____年____月____日

照著描

相信自己是怎麼樣的人，就會成為那樣的人。

再抄一遍

我的目標

實踐步驟

1.

2.

3.

4.

5.

6.

______年______月______日

照著描

憑藉著信念的強大力量，便能啟動蘊藏在內在的力量。

再抄一遍

我的目標

實踐步驟

1.

2.

3.

4.

5.

6.

＿＿＿＿年＿＿＿＿月＿＿＿＿日

照著描

時時記著自己的夢想，或想像夢想實現的畫面，在心裡看見渴望的目標，就像真的擁有了一樣。

再抄一遍

我的目標

實踐步驟

1.

2.

3.

4.

5.

＿＿＿＿年＿＿＿＿月＿＿＿＿日

照著描

每個人的內在都蘊藏著某種潛能，只要渴望成功的念頭出現在心中，就能幫助我們成功。

再抄一遍

我的目標

實踐步驟

1.

2.

3.

4.

5.

Week2

也許這個世界並非依賴物理定律運作，而是受人類的自由意志左右。

物理學家 亞瑟．愛丁頓

信念成真筆記本，要如何寫？

照著描：先將淡灰色的字，照著描一遍，就寫在字上。這是為自己的信心，鋪設穩固的基礎。

再抄一遍：再將淡灰色的字，重新寫一遍，鞏固我的信念。

我的目標：盡量具體、詳細地寫下，包含金額、地點、數量、日期／時間、人名、效果等。這就是宣告：我為此而生，我將達成目標。

實踐步驟：具體寫下要如何實踐。這是為自己勾勒出一幅通往目標的路徑圖。

幾年內，我從小職員變成公司大股東。——美國亞馬遜讀者

______年______月______日

照著描

相信自己做得到，就一定做得到。

再抄一遍

我的目標

實踐步驟

1.

2.

3.

4.

5.

6.

＿＿＿＿年＿＿＿＿月＿＿＿＿日

照著描

重複自我肯定的話語，就能產生信念，信念一旦生根，深化於內心，信念的力量即開始顯現。

再抄一遍

我的目標

實踐步驟

1.

2.

3.

4.

5.

＿＿＿＿年＿＿＿＿月＿＿＿＿日

照著描

事實是信念的產物。

再抄一遍

我的目標

實踐步驟

1.

2.

3.

4.

5.

6.

____年____月____日

照著描

心懷非比尋常的堅定信念，才能締造超凡的成就。

再抄一遍

我的目標

實踐步驟

1.

2.

3.

4.

5.

6.

＿＿＿＿年＿＿＿＿月＿＿＿＿日

照著描

想像一個全新的自己，在心裡一直想著那個全新的自己，總有一天會成為內心所想的那個樣子。

再抄一遍

我的目標

實踐步驟

1.

2.

3.

4.

5.

＿＿＿＿年＿＿＿＿月＿＿＿＿日

照著描

運用想像力，看見自己正在做某件事情，然後付諸行動，將想像的那件事化為行動，最後就可能成真。

再抄一遍

我的目標

實踐步驟

1.

2.

3.

4.

5.

______年______月______日

照著描

一切從心　無一涉外。

再抄一遍

我的目標

實踐步驟

1.

2.

3.

4.

5.

6.

Week3

信念能激發人超越自己的力量，創造能證明信念的事實。

美國現代心理學之父 威廉．詹姆斯

信念成真筆記本，要如何寫？

照著描：先將淡灰色的字，照著描一遍，就寫在字上。這是為自己的信心，鋪設穩固的基礎。

再抄一遍：再將淡灰色的字，重新寫一遍，鞏固我的信念。

我的目標：盡量具體、詳細地寫下，包含金額、地點、數量、日期／時間、人名、效果等。這就是宣告：我為此而生，我將達成目標。

實踐步驟：具體寫下要如何實踐。這是為自己勾勒出一幅通往目標的路徑圖。

我曾因下半身癱瘓被迫退休，但幾年後買下整個街區的房產。
——美國亞馬遜讀者

______年______月______日

照著描

我們投射出什麼樣的想法，就會得到什麼結果。

再抄一遍

我的目標

實踐步驟

1.

2.

3.

4.

5.

6.

______年______月______日

照著描

讓時勢為自己所用。

再抄一遍

我的目標

實踐步驟

1.

2.

3.

4.

5.

6.

______年______月______日

照著描

信念會創造出能證明信念的事實。

再抄一遍

我的目標

實踐步驟

1.

2.

3.

4.

5.

6.

______年______月______日

照著描

強烈的渴望能影響現實事情的發生。

再抄一遍

我的目標

實踐步驟

1.

2.

3.

4.

5.

6.

________年________月________日

照著描

耽溺或回想過去是沒有用的，心思若是被

過去占滿，就不可能全新思考未來。

再抄一遍

我的目標

實踐步驟

1.

2.

3.

4.

5.

6.

________年________月________日

照著描

時時在心裡想像自己渴望達成的畫面，把渴望的目標寫下來。

再抄一遍

我的目標

實踐步驟

1.

2.

3.

4.

5.

6.

______年______月______日

照著描

一遍又一遍不斷告訴自己，我擁有無限的創造力。

再抄一遍

我的目標

實踐步驟

1.

2.

3.

4.

5.

6.

Week4

每個人的內在都擁有一股強大的力量，無時無刻不在形塑我們的想法，影響我們的行為。

美國現代心理學之父 威廉・詹姆斯

信念成真筆記本，要如何寫？

照著描：先將淡灰色的字，照著描一遍，就寫在字上。這是為自己的信心，鋪設穩固的基礎。

再抄一遍：再將淡灰色的字，重新寫一遍，鞏固我的信念。

我的目標：盡量具體、詳細地寫下，包含金額、地點、數量、日期／時間、人名、效果等。這就是宣告：我為此而生，我將達成目標。

實踐步驟：具體寫下要如何實踐。這是為自己勾勒出一幅通往目標的路徑圖。

曾經完全喪失鬥志的底特律球隊，最後憑藉著信念，逆轉勝拿下大聯盟冠軍。

年　　月　　日

照著描

每天睡前告訴自己：「明天的我要比今天更好。」

再抄一遍

我的目標

實踐步驟

1.

2.

3.

4.

5.

6.

________年________月________日

照著描

信念具有點石成金的力量。

再抄一遍

我的目標

實踐步驟

1.

2.

3.

4.

5.

6.

年　　　月　　　日

照著描

誠心誠意相信我們的心靈確實擁有力量，有意識地經常運用，所有成就的因素就會自動到位。

再抄一遍

我的目標

實踐步驟

1.

2.

3.

4.

5.

＿＿＿＿年＿＿＿＿月＿＿＿＿日

照著描

信念是致勝的要素。

再抄一遍

我的目標

實踐步驟

1.

2.

3.

4.

5.

6.

＿＿＿＿年＿＿＿＿月＿＿＿＿日

照著描

一切力量始於內心。

再抄一遍

我的目標

實踐步驟

1.

2.

3.

4.

5.

6.

＿＿＿＿年＿＿＿＿月＿＿＿＿日

照著描

幸福是一種我們能控制的心態，而控制的關鍵就是思維。

再抄一遍

我的目標

實踐步驟

1.

2.

3.

4.

5.

6.

______年______月______日

照著描

萬事都繫於意念，而我可以控制自己的意念。

再抄一遍

我的目標

實踐步驟

1.

2.

3.

4.

5.

6.

Week5

事業的成敗取決於心態，而非個人心智能力。

西北大學校長 華特

信念成真筆記本，要如何寫？

照著描：先將淡灰色的字，照著描一遍，就寫在字上。這是為自己的信心，鋪設穩固的基礎。

再抄一遍：再將淡灰色的字，重新寫一遍，鞏固我的信念。

我的目標：盡量具體、詳細地寫下，包含金額、地點、數量、日期／時間、人名、效果等。這就是宣告：我為此而生，我將達成目標。

實踐步驟：具體寫下要如何實踐。這是為自己勾勒出一幅通往目標的路徑圖。

我原本是清潔工，兩年後，我獨資開了一家公司，不但還清債務，而且開始賺錢，賺得比以前更多。
——美國讀者

______年______月______日

照著描

我的思考習慣由我創造與主宰，沒有任何人或任何事能擊敗我、左右我。

再抄一遍

我的目標

實踐步驟

1.

2.

3.

4.

5.

6.

______年______月______日

照著描

意志堅定的人最是無敵。

再抄一遍

我的目標

實踐步驟

1.

2.

3.

4.

5.

6.

______年______月______日

照著描

懂得運用思維的力量，必能成為自己想成為的人。

再抄一遍

我的目標

實踐步驟

1.

2.

3.

4.

5.

6.

＿＿＿＿年＿＿＿＿月＿＿＿＿日

照著描

心裡想的，都能實現。

再抄一遍

我的目標

實踐步驟

1.

2.

3.

4.

5.

6.

＿＿＿年＿＿＿月＿＿＿日

照著描

描繪出正確的心靈藍圖，時時刻刻牢記想望，那麼不論健康、財富或幸福，一定會隨之而來。

再抄一遍

我的目標

實踐步驟

1.

2.

3.

4.

5.

________年________月________日

照著描

信念能帶來無比的力量，讓我們不論做什麼都能成功。

再抄一遍

我的目標

實踐步驟

1.

2.

3.

4.

5.

6.

年　月　日

照著描

堅定的意志是支持信念的堅強後盾。

再抄一遍

我的目標

實踐步驟

1.

2.

3.

4.

5.

6.

Week6

心想事成，心誠則靈

信念成真筆記本，要如何寫？

照著描：先將淡灰色的字，照著描一遍，就寫在字上。這是為自己的信心，鋪設穩固的基礎。

再抄一遍：再將淡灰色的字，重新寫一遍，鞏固我的信念。

我的目標：盡量具體、詳細地寫下，包含金額、地點、數量、日期／時間、人名、效果等。這就是宣告：我為此而生，我將達成目標。

實踐步驟：具體寫下要如何實踐。這是為自己勾勒出一幅通往目標的路徑圖。

我如願以償在一個月內搬到新的住家、幾週內買到了車、
一年多後成為全職員工。
——亞馬遜讀者

______年______月______日

照著描

擁有信念，我們能戰無不勝，攻無不克，
成為人中龍鳳——真正成為自己的主人。

再抄一遍

我的目標

實踐步驟

1.

2.

3.

4.

5.

6.

______年______月______日

照著描

我絕對可以成為自己內心所想的、獨一無二的那個人。

再抄一遍

我的目標

實踐步驟

1.

2.

3.

4.

5.

6.

______年______月______日

照著描

人生戰場上有輸有贏，差別只在於有沒有信念。

再抄一遍

我的目標

實踐步驟

1.

2.

3.

4.

5.

6.

____年____月____日

照著描

對自己的信念越堅定，未來就越能達到了不起的成就。只要願意相信，信念就能帶來奇蹟。

再抄一遍

我的目標

實踐步驟

1.

2.

3.

4.

5.

______年______月______日

照著描

信念堅定，心懷希望，夢想就能實現。

再抄一遍

我的目標

實踐步驟

1.

2.

3.

4.

5.

6.

＿＿＿＿年＿＿＿＿月＿＿＿＿日

照著描

堅持能帶來信心，持續不懈能導正心態，
最後引向成功。

再抄一遍

我的目標

實踐步驟

1.

2.

3.

4.

5.

6.

______年______月______日

照著描

唯有信念，才能成就一切。

再抄一遍

我的目標

實踐步驟

1.

2.

3.

4.

5.

6.